国际儒学联合会资助出版

典亮世界丛书

《道法自然　天人合一》，彭富春　编著

《天下为公　大同世界》，干春松、宫志翀　编著

《自强不息　厚德载物》，温海明　主编

《民惟邦本　本固邦宁》，颜炳罡　编著

《为政以德　政者正也》，姚新中、秦彤阳　编著

《革故鼎新　与时俱进》，田辰山、赵延风　编著

《脚踏实地　实事求是》，杜保瑞　编著

《经世致用　知行合一》，康　震　主编

《集思广益　博施众利》，章伟文　编著

《仁者爱人　以德立人》，李存山　编著

《以诚待人　讲信修睦》，欧阳祯人　编著

《清廉从政　勤勉奉公》，罗安宪　编著

《俭约自守　力戒奢华》，秦彦士　编著

《求同存异　和而不同》，丁四新　等　编著

《安不忘危　居安思危》，吴根友、刘思源　编著

國際儒學聯合會·典亮世界丛书

为政以德
政者正也

姚新中 秦彤阳 编著

人民出版社

出 版 说 明

　　2014年9月24日，习近平主席在纪念孔子诞辰2565周年国际学术研讨会暨国际儒学联合会第五届会员大会开幕会上的讲话中，提出了包括儒家思想在内的中国优秀传统文化中蕴藏着解决当代人类面临的难题的重要启示："关于道法自然、天人合一的思想，关于天下为公、大同世界的思想，关于自强不息、厚德载物的思想，关于以民为本、安民富民乐民的思想，关于为政以德、政者正也的思想，关于苟日新日日新又日新、革故鼎新、与时俱进的思想，关于脚踏实地、实事求是的思想，关于经世致用、知行合一、躬行实践的思想，关于集思广益、博施众利、群策群力的思想，关于仁者爱人、以德立人的思想，关于以诚待人、讲信修睦的思想，关于清廉从政、勤勉奉公的思想，关于俭约自守、力戒奢华的思想，关于中和、泰和、求同存异、和而不同、和谐相处的思想，关于安不忘危、存不忘亡、治不忘乱、居安思危的思想，等等。"习近平主席的重要讲话高屋建瓴，视野宏大，思想深邃，深刻阐明了中华优秀传统文化为人们认识和改造世界提供的有益启迪，为治国理政提供的有益启示，为道德建设提供的有益启发，对传承弘扬中华优秀传统文化具有长远的根本的指导意义。

　　为把学习贯彻落实习近平主席这一重要讲话精神进一步引向

为政以德　政者正也

1

深入，国际儒学联合会与人民出版社共同策划了"典亮世界丛书"。丛书面向对中华文化感兴趣的海内外读者，以习近平新时代中国特色社会主义思想为指导，结合新时代中国的治国理政实践，由在中华传统文化领域深耕多年的学者担纲编写，从浩如烟海的中华典籍中精选与这十五个重要启示密切相关的典文，对其进行节选、注释、翻译和解析，赋予其新的涵义，以帮助读者更好地理解中华优秀传统文化之于当代中国的价值，为解决当代人类面临的难题提供中国方案，让中国优秀传统文化同世界各国优秀文化一道造福人类！

我们应秉持历史照鉴未来的理念，传承创新包括儒学在内的中华传统文化，把那些跨越时空、超越国度、具有当代价值的文化精神弘扬起来，倡导求同存异，消弭隔阂，增进互信，促进文明和谐共生，弘扬和平、发展、公平、正义、民主、自由的全人类共同价值，为共创后疫情时代美好世界、推动构建人类命运共同体而努力。

国际儒学联合会、人民出版社

2022 年 4 月

目　录

引　言

　　中华文明源远流长，在政治实践方面更是率先发展出多样的治理模式和理论样态。与其他文明系统比较，中国传统政治的特点是政治与伦理密不可分，不仅政制、政体、政策的合法性都要得到伦理的论证和支持，而且国家治理的有效性往往说成是主要来自德性培养与道德教化。早期儒家与法家的持久争执并非是要不要"法"的问题，而是集中在"法"与"德"何者为先、"刑"与"礼"哪个更为有效等问题上。随着儒家在西汉王朝政治地位的上升，其政治观点与政治理想逐渐渗透到实际的政治结构之中，并在国家治理中得到越来越充分的发挥，作为意识形态开始主导传统政治的运行。在整个两千多年的历史中，"政"与"道"、"治"与"德"始终纠缠在一起，作为政治哲学的两个核心概念相辅相成。不理解"德政""政道""政德"，就不可能完全把握中国传统政治的内涵与外延。中西方学者把这种特殊的政治理论和治理体系概括为"贤能政治"或简称为"德治"，而如何创造性转化、创新性发展这样的学术资源、政治传统，则成为当代政治学、伦理学、国学等领域争论的中心问题之一，也是如何借鉴传统思想资源，构建中国特色社会主义政治文明的关键所在。

　　理解这一特殊的政治生态如何在历史上得以形成并发挥作用，我们必须回到中华文明发展的"轴心时代"。春秋战国时期，周王室式微，诸侯国争相称霸，或如《论语》中所记载的那样，"天下有道，则礼乐征伐自天子出；天下无道，则礼乐征伐自诸侯出"（《论语·季氏》），而当时天下就处于所谓的"礼崩乐坏"大乱局。因此，如何终结无道的乱世，还天下以太平，成为周秦之际最为核心的时代问题，而春秋战国诸子百家对于这一问题的思考，也决定了后来中国历史的走向。

夏、商、周"三代"之治乱兴衰，是百家之学共有的历史经验和理论资源，也是当时各家各派都必须面对和解决的重大时代课题。接下来的路该怎么走？以孔子、孟子为代表的儒家主张往回走，"周监于二代，郁郁乎文哉，吾从周"（《论语·八佾》）。以商鞅、韩非为代表的法家则主张向前走，"治世不一道，便国不法古"（《商君书·更法》）。儒家和法家关于历史发展规律认识的巨大分歧，致使两家学说呈现出极端对立的态势，"儒法之争"也是贯穿中国两千年政治思想史的一条主线。

从齐桓公（？—公元前 643）、晋文公（公元前 697？—前 628）称霸天下到秦始皇统一六国、焚书坑儒的历史事件表明，"儒法之争"第一个回合的较量以法家的胜利告终。在这一历史时期，所谓"春秋无义战"（《孟子·尽心下》），"问鼎中原"如同一场奉行丛林法则的野蛮游戏，各诸侯国都主动或被动地卷入了生死存亡的军备竞赛当中，儒家的王道思想、仁政理念在当时的大环境下并没有太多的发挥余地。依据法家理念的秦朝迅速统合六国，成立了强大的统一王朝，设立了全新的治国理政体系，实行书同文、车同轨、统一度量衡，废除分封制，代之以郡县制等中央集权制度。虽然秦朝奠定了中国 2000 余年政治制度的基本格局，然而，"履至尊而制六合，执敲扑而鞭笞天下"（《过秦论》）的强秦，并没有如时人所愿持续万代。相反，秦始皇之后，天下即陷入烽烟四起、群雄伐秦的结局，秦朝"二世而亡"，仅仅延续了不足 15 年。

强秦速亡的经验教训，导致法家学派的说服力大打折扣。汉代的统治者、思想家不得不重新思考国家治理的路径问题，新生的帝国被一种反思情绪所笼罩。西汉初年，陆贾（公元前240？—前170）就曾向"马上得天下"的汉高祖谏言，"乡使秦已并天下，行仁义、法先圣，陛下安得而有之"（《史记·陆贾传》）。一些有识之士已经清醒地认识到，"得之"和"治之"、"未并"和"已并"是两个不同层面的问题，而对于政治家来说，"用文"和"用武""用儒"和"用法"也不是一个简单的个人偏好。在天下统一的太平年代，儒家的舞台开始急剧扩展。董仲舒（公元前179—前104）献策建言"推明孔氏，抑黜百家"，汉武帝实行"罢黜百家，表章六经"作为治国理政的举措，宣告儒家在与法家、道家的竞争中彻底胜出，成为西汉王朝的官方意识形态。

自汉确立，虽然经过一些起伏波折，尤其是西来佛教的冲击，儒家思想在国家治理中的正统地位一直比较稳定，而隋唐以降，汲取了佛道思想精华的儒学已经牢固地把控着教育内容和国家结构。儒家的经典著作作为历代王朝的官方教材，对中国历史的演进产生了深远的影响。儒家既然能够取得治乱兴衰的"最终解释权"，主导中国传统社会的政治逻辑和政治话语，其本身必然蕴含着深刻的历史合理性。今天，充分发掘儒家政治理论的当代价值，推动儒家政治文化创造性转化、创新性发展，不仅可以为新时代治国理政提供历史借鉴，也可以为世界政治文化发展和全球治理贡献中国智慧。

"为政以德"与"政者正也"是儒家政治理论的两个核心命题，而"德"与"正"更是主导传统政治的主要理念。在一定意义上，可以说儒家传统对于政治的认识和治理的建构，就是围绕着这两个命题、两个理念展开的。因此，理解和把握其中的深刻内涵，既是研究儒家政治与伦理的必然路径，也是破译中华文明弦歌不断的政治密码。

　　"为政以德"语出《论语·为政》："为政以德，譬如北辰，居其所而众星共之"。这一经典名句的意思是，为政者修德以治天下，如同恒明不动的北辰受众星拱卫那样，必会得到广大民众的自然拥戴。它的主要思想与"德惟善政，政在养民"（《尚书·大禹谟》）一脉相承，在儒家政治哲学的基本架构中，构建了修德、善政、养民三者相互联系、相互作用的整体。"政者正也"语出《论语·颜渊》："政者，正也。子帅以正，孰敢不正"。它的意思是说，"政"即"正"，为政者带头遵循正道，广大民众便不会偏离正道。这句话常常与另一句孔子的经典论述"其身正，不令而行；其身不正，虽令不从"（《论语·子路》）一同出现，互相印证。

　　《论语》中所着意强调的"德"与"正"在历史中承上启下，具有十分丰富的内涵，我们可以从三个角度进行阐释。首先，从外在性和客体性的角度来看，"德"是天命、天意、天德，是人间政治合法性的来源，这一思想更深刻地彰显了《尚书》所记述的"皇天无亲，惟德是辅"（《尚书·蔡仲之命》）和《诗经》中所表达的"上帝既命，侯于周服"（《诗经·大雅·文王》）的精神。"正"是基于宇宙万物发展的真正规律，因此是国家发展的正确道路，其根源同样自上天，是人们对于天命的正确认识。因此，才有"天政曰正"（《大戴礼记·少间》）和"政不正则君位危"（《礼记·礼运》）之说。其次，从内在性和主体性的角度来看，"德"是政治的内在品质，也是为政者自信的根据："天生德於予，桓魋其如予何？"（《论语·述而》）与能力相比，"德"更为根本："才者，德之资也；德者，才之帅也"（《资治通鉴·周纪一》）。"正"是端正、公正、正直、正义的德行，是为政者治理天下的德性前提，"苟正其身矣，於从政乎何有？"（《论语·子路》），"若安天下，必须先正其身"（《贞观政要·君道》）。再次，从目标性和后果性的角度来看，儒家认为"德"是实现长治久安的关键所在，为政者施行德性教化则民众心悦诚服，"道德之威，成乎安强"(《荀子·强国》),"以德服人者,中心悦而诚服也"(《孟子·公孙丑上》)。"正"是示范作用和榜样力量的集中体现,为政者通过上行下效、正人先正己的运行机制可以带领民众追随正道,"君正莫不正"(《孟子·离娄上》),"上者,民之表也,表正则何物不正"(《孔子家语·王言解》)。

"为政以德"与"政者正也"出自儒家经典(《论语》),历来被视为儒家政治思想的代表性主张。然而,我们一定不能将其理解为排他性的政治理论。其他学派虽然没有直接使用"为政以德"与"政者正也"这样的语句来表述,但在他们的著作和思想中也都有相似和相近的表述。例如,晋国的法家学派先驱郭偃(公元前696?—前620)曾说,"论至德者不和于俗"(《商君书·更法》);墨家学派的创始人墨子(公元前476或480—前390或420)提出,"义者,正也"(《墨子·天志上》);道家学派的代表人物老子主张"以正治国"(《老子·第五十七章》),而庄子(公元前369?—前286?)有言,"知其不可奈何而安之若命,德之至也"(《庄子·人间世》),"受命于天,唯舜独也正,幸能正生,以正众生"(《庄子·德充符》)。其他学派对"德"与"正"的理解大多体现了本门的自有主张,与儒家的理解不尽相同,但作为中国传统文化的组成部分,依然可以为"为政以德"与"政者正也"提供一些补充性说明。

继承和发扬"为政以德"与"政者正也"的政治文化传统,必须坚持辩证唯物主义和历史唯物主义。世界上没有一劳永逸的政治治理体系,"为政以德"与"政者正也"的内涵也不是一成不变的,需要我们以一种辩证的思维来认识;国家治理问题是一个历史性的问题,国家所处的时代背景和历史语境不同,"为政以德"与"政者正也"的合理性、有效性和可行性也就不同,需要我们以一种历史的眼光来看待。具体来讲,必须注意以下四个方面的问题。

第一,"为政以德"与"政者正也"概念的模糊性和不确定性问题。

从总体的发展趋势来看，"为政以德"与"政者正也"、"德"与"正"都经历了一个范围不断扩大、内涵不断丰富的概念演变过程。主要表现为，从最高统治者的"专利"逐渐演变为一种具有普遍性的价值和规范；从外在于人的天命、天志逐渐演变为"内得于己"的德性和品质；从抽象的、具有宗教性质的话语逐渐演变为具体的施政理念和治理方案。唐代的韩愈（768—824）较为准确地提出了这一问题，"仁与义为定名，道与德为虚位"（《原道》）。"道"与"德"、"政"与"正"的观念来自商周之际的政治变动，并非儒家的发明创造。"为政以德"与"政者正也"之所以被认为是儒家的政治主张，很大一部分原因是儒家不仅出色地完成了为其"定名"的工作而且历朝历代不断传授、持之以恒地给予诠释和应用。孟子（公元前372？—前289）引用孔子的话，"道二，仁与不仁而已矣"（《孟子·离娄上》）；孔子还有"三达德"之说，"知、仁、勇三者，天下之达德也"（《中庸》），董仲舒则在此基础上扩充出了"五常德"，"仁、义、礼、智、信，五常之道"（《贤良策》）；唐代的吴兢（670—749）总结"贞观之治"说，"理国要道，在于公平正直"（《贞观政要·公平》）；宋代的苏轼（1037—1101）主张，"以至诚为道，以至仁为德"（《上初即位论治道二首》）；程颐（1033—1107）明确指出，"为政之道，以顺民心为本，以厚民生为本，以安而不扰为本"（《二程集》）；明末清初的顾炎武（1613—1682）进一步说明，"诚欲正朝廷以正百官，当以激浊扬清为第一义"（《与公肃甥书》）。概言之，儒家将"德"发展为以"仁"为中心的德性体系，坚持"德政"或"仁政"的主要内容是"以民为本"的民本政治；将"正"解释为以公平公正、正直正义为基本要求的一系列准则，并且形成了廉洁奉公、勤政为民的为官标准。

第二，"为政以德"与"政者正也"的工具性和手段性问题。"为政以德"及"子帅以正"中的"德"与"正"都被孔子使用"以"

来连接，"以"即"用也"（《说文解字》）。由于汉字字义和语法的问题，"以德"和"用德"、"以正"和"用正"的表述，很容易让读者以为"德"与"正"本身并不是目的，也没有内在价值，只是为政的工具和手段。这样的理解是一种比较常见的误解。在"德惟善政"及"政者正也"中，"惟"和"也"实际上充当了"是"的语法功能，不仅具有定义的功能，而且在语序排列上也更具逻辑优先性。因此，德就是政，政就是正，"德"与"正"本身就是目的。朱熹讲，"德与政非两事"（《朱子语类·卷第二十三》），正是要肯定"德"的地位。"德"与"政"何以只是一事？因为"以德为本，则能使民归"，而民心是最大的政治。所以，"为政以德"与"政者正也"都强调，为政者只要修德、正己，"譬如北辰，居其所而众星共之"，"子帅以正，孰敢不正"，老百姓自然会拥戴。老百姓拥戴，天下自然也就治理好了，所谓"恭己正南面而已矣"（《论语·卫灵公》），"正己而物正"（《孟子·尽心上》），就是这个意思。进而言之，"为政以德"与"政者正也"虽然具有后果主义意蕴，但绝不是唯后果论。"为政以德"不是说为政者将行此德，就是为了让民归我，若是如此，本质上就仍是"霸道"。好比"以德服人"，不是为了让人服我，而是自然的心悦诚服。"政者正也"也不是说为政者为了正人才去正己，相反，正己是主动行为，其连带效应必是正人，正如董仲舒所说，"义之法，在正我，不在正人"（《春秋繁露·仁义法》）。另外，在发生的先后顺序上，"德"与"正"也应该在开展政治活动之先。人必须先修德、正己，然后才能为政、正人，而不是成了为政者之后，再去修德、正己。这就是所谓的"德者，得也"（《礼记·乐记》）的政治学含义。

第三，"为政以德"与"政者正也"的理想性和神秘性问题。在孔子的治国理政思想中，德治是最理想的治理模式，与之相应的治理手段是"礼"；相比之下，以政令和刑罚来治理国家要逊色很多，因为"道之以政，齐之以刑，民免而无耻；道之以德，齐之以礼，

为政以德　政者正也

有耻且格"(《论语·为政》)。孔子认为，身正是"令行禁止"的关键所在，"其身正，不令而行；其身不正，虽令不从"。类似的说法还有很多，让人觉得"德"与"正"好像有某种神秘力量的加持一样。诚然，儒家的德治主张具有政治理想主义色彩。孔子自称，"述而不作，信而好古"(《论语·述而》)，推崇"三代"之治，相信天命的力量。历史上有关"三代"时期的记载非常有限，所谓的"三代"之治本身就带有一定的乌托邦性质。"三代"之治不仅因为史料缺失而难以考证，而且在儒学创立后的两千年间，"为政以德"与"政者正也"所指向的理想政治，也可以说从未完全实现过，"由三代而上，治出于一，而礼乐达于天下；由三代而下，治出于二，而礼乐为虚名"(《新唐书·礼乐一》)。虽然，儒家的政治理想有超出现实的部分，不能完全移植到现实政治中来，但理想之为理想，依然有其崇高的价值，我们更不能否定德治在国家治理中的重要作用。还需要特别注意的是，孔子对于什么是"好的治理"的理解与一般的"进步主义"观点不同，他对"善治"的评价标准主要取决于"民德"的状况，而不是法家所谓的"国富兵强"(《韩非子·定法》)。因此，孔子认为，"民免而无耻"是坏的治理，"有耻且格"是好的治理。这也为后人评估治理成效提供了"以德观之"的独特视角。

第四，"为政以德"与"政者正也"的历史局限性问题。如同任何传统文化一样，中国的传统政治文化，也表现出一定的历史局限性。儒家思想在中国历史的大部分时间里都占据正统地位，故而不可避免地受到宗法制度、君主专制和小农经济等特定历史背景的影响，带有古代社会的基本特征。"为政以德"与"政者正也"把国家治理的逻辑起点设置在为政者的自我修养上，对为政者潜心治理起到了鞭策作用，但在一定程度上不仅夸大了执政者的自觉性、能动性，而且忽略了规章制度的重要性以及权力制约监督机制的必要性。虽然说，"修己以安百姓"(《论语·宪问》)、"上下一心"(《荀子·富国》）是儒家长久以来的政治追求，为政者与老百姓之间的关系却未必如此，不仅是因为"君仁莫不仁，君义莫不义"（《孟子·离娄上》）（或者反过来说：君不仁莫仁，君不义莫义）的说法过于绝对化，也是因为在为政者不仁不义的情况下，处于社会底层的老百姓以及权力末端的知识分子往往束手无策。晚明耶稣会士高一志撰写的《西学治平》体现了他对儒家政治哲学的理解，其中"一君正善，则足正善其民；而民之正善者，反不足正善其君之不善者也"，既是儒家政治主张的特点也是其问题所在。此外，儒家十分关心民生问题，"明君制民之产"（《孟子·梁惠王上》），"王者富民"（《荀子·王制》），对为政者施行民本政治起到了积极的推动作用。但儒家所主张的"养民""富民"实际上带有明显的重农抑商倾向，除开维护小农经济的考虑外，与其"君子喻于义，小人喻于利"（《论语·里仁》）、"德者本也，财者末也"（《大学》）的义利观也有很大的关系，虽然有助于培育重义轻利的良好社会风尚，但在一定意义上，严重地限制了商品经济在中国的发展。

继承和发扬"为政以德"与"政者正也"政治文化传统中的优秀思想，必须坚持创造性转化和创新性发展的"两创"原则。"为政以德"与"政者正也"是中国古典政治智慧的神髓，具有鲜明的民族特色和文化特征，在中国古代国家治理中曾经发挥过重要的作用。但是，我们要以更加宽广的视野对其进行批判性地继承，立足于当代中国政治的基本走向和当今世界政治的发展潮流，突出"为政以德"与"政者正也"的当代价值和世界启示。

第一，凝聚道德力量，汇集发展合力。儒家伦理学与政治学可以被称为以"德"为中心的"德性伦理学"和"德性政治学"。经过长时间的祛魅和积淀，"德"的主要内涵演变成了现代意义上的"道德"。儒家认为，德的力量是得天下和治天下的关键力量。具体来说，德的力量和作用可以分为四种：（1）德的解释力和建构力。在儒家政治哲学的架构中，德之源在天，王道本于天道，而可以在天人之间沟通、流动的力量就是"德"。因此，无论是国家的治乱兴衰还是个人的安危荣辱，"德"都拥有最强的解释力和建构力。（2）德的传播力和影响力。与民谚"好事不出门，坏事传千里"的说法不同，在儒家政治学看来，美好的德行必然会带来美好的名声，而美名就像车舆一样会载着美德传遍四方，使远方的人慕德而来，近处的人怀德而安，"恕思以明德，则令名载而行之。是以远至迩安"（《左传·襄公二十四年》）。（3）德的吸引力和感召力。儒家相信"德不孤，必有邻"（《论语·里仁》），"得道者多助，失道者寡助"（《孟子·公孙丑下》），主张"以德服人"，反对"以力服人"。德的力量本身是无形的，然而却是强大的，可以转化为有形的力量（"有邻""多助""民服"），伦理学接引至政治学。（4）德的凝聚力和向心力。儒家学派在创立之初，急需解决的重大政治问题就是天下分崩离析，诸侯国与周天子离心离德，周王朝失去了凝聚力和向心力。儒家的各种理论实际上都指向了"关系"这一范畴，目的在于重建人伦秩序与政治秩序。梁漱溟在《中国文化要义》中将之概括为"融国家于社会人伦之中，纳政治于礼俗教化之中，而以道德统括文化，或至少是在全部文化中道德气氛特重，确为中国的事实"。重视道德的力量，善于以道德的力量赢得人心，乃是中国传统文化的独特性贡献，对于现代社会仍然具有引领作用。新时代治国理政，必须强化道德对法治的支撑作用，坚持依法治国和以德治国相结合，推进国家治理体系和治理能力现代化。在国际关系中，强调世界各国必须维护国际道义，以天下为己任，携手构建同心同德的人类命运共同体。

第二，发挥榜样作用，引领社会风尚。儒家在具体实践和经验观察的基础上，发现并总结出了上行下效、正人先正己的政治活动规律。为政者是老百姓的领路人，政治风气是社会风气是风向标。

为政者带头修德明义、遵循正道，老百姓便会追随、效仿，很快就会在全社会蔚然成风，"上必明正道以道民"（《礼记·燕义》），"上老老而民兴孝，上长长而民兴弟，上恤孤而民不倍"（《大学》）。同样的道理，"上不正，下参差"（《物理论》），"上枉下曲，上乱下逆"（《便宜十六策·君臣》），为政者在位不尊、带头违纪必然会败坏风气、秩序混乱，这样的现象在历史上可谓屡见不鲜。所以，儒家对上位者的德行有更高的要求。《论语·子路》中，孔子告诉冉有对待老百姓要"先富后教"；然而他却同樊迟讲，"仁者，先难而后获，可谓仁矣"（《论语·雍也》）。无论是政治主张还是伦理规范，为政者如果不自己先做到，就不可能要求老百姓去做到，故而孟子说，"吾未闻枉己而正人者也"（《孟子·万章上》）。儒家关于政治活动和道德教化的规律性认识，为我们提供了很多富有启发性和建设性的理论借鉴。新时代治国理政，必须抓住领导干部这个"关键少数"。领导干部要充分发挥"头雁"作用，坚定理想信念，争做道德楷模，带头践行社会主义核心价值观，正确领导中国人民在新的伟大征程中奋勇前进。在全球治理问题上，大国领导力和大国担当对全球治理能力的提升至关重要。大国、强国带头摒弃零和博弈与冷战抗衡思维，加强对话合作，必将有利于推动建立公正合理的国际政治经济新秩序；而如果带头奉行霸权主义和强权政治，干涉他国内政、阻遏他国发展，必将给世界带来不稳定因素，成为历史的绊脚石。

第三，坚持人民至上，贯彻群众路线。"为政以德"的根本依据是"以德配天"，修德的关键就是要顺从上天的意志。中华文明很早就认识到天与民、天命与民心相通相同，"天听自我民听，天视自我民视"（《尚书·泰誓中》），民心所向即是天命所归。因此，儒家德性政治与民本政治是相互联系的。孔子之后的儒家学者那里，这一点表达得更为清晰，如"民为贵，社稷次之，君为轻"（《孟子·尽心下》），"君者，舟也；庶人者，水也。水则载舟，水则覆舟"（《荀子·王制》）。进一步说，儒家民本政治的具体要求包含着"富民"和"教民"两个维度，"凡厥正人，既富方穀"（《尚书·洪范》），"不富无以养民情，不教无以理民性"（《荀子·大略》）。在历史语境中，儒家民本政治具有充分的合理性和必要性，"人视水见形，视民知治不"（《史记·殷本纪》）；人民群众是反映政治得失的一面镜子，"知屋漏者在宇下，知政失者在草野"（《论衡·书解篇》）。"以民为本"是中国传统政治思想的鲜明特征，在当代依然焕发着强大的生命力。新时代中国特色社会主义的治国理政方略，必须坚持以人民为中心的发展思想，永远把人民对美好生活的向往作为奋斗目标，把人民的利益作为一切工作的出发点和落脚点，不断增强人民群众的获得感、幸福感、安全感。必须坚持从群众中来到群众中去的群众路线，号召多到民间去、多到田野去、多到基层去、多到一线去，倾听民声、体察民情，将群众路线常态化。面对日益复杂的全球性问题，如能源安全、粮食安全、气候变化、虚拟空间、恐怖主义，以及最近的新冠肺炎疫情等，任何国家都不可能置身事外、独善其身。奉行单边主义和保护主义，仅仅谋求本国利益，甚至是仅仅谋求本届政府和执政集团的利益，最终只会尽失人心。人类是命运与共、休戚相关的共同体，世界各国必须着眼于维护全人类的共同利益，不断增进人类福祉。

第四，发扬实干精神，改进工作作风。儒家的德性政治带有一定的理想主义色彩，这是当代政治哲学分析的结果，并不代表古时候的儒者们都喜欢沉浸在空想当中。恰好相反，理想主义的儒家学者也非常关心现实，针对国家治理问题提出了一系列的方针政策和具体措施，针对道德修养问题也进行了很多方法论和工夫论的探讨。《论语·为政》载，子贡向孔子请教君子之道，孔子回答："先行其言而后从之。"孔子还说过，"君子欲讷于言而敏于行"（《论语·里仁》）。可见，早期儒家反对空谈，其思想的主旨是提倡人们要做一个行动派和实干家。然而，后来的宋明理学对儒家心性之学的片面阐扬和对释老之学中虚空思想的吸收，在某种意义上导致了儒者们的空谈之风，"无事袖手谈心性，临危一死报君王"（《颜元集·学辨一》）。清代的唐甄（1630—1704）也对道学家们进行了批评，提出了"以实则治，以文则不治"（《潜书·权实》），体现了明清之际的有识之士对宋明学风的反思。"儒有博学而不穷，笃行而不倦"（《礼记·儒行》）。儒家强调"知行合一"，注重实行、实干、实学，对于今天的一切工作仍具有积极的指导作用。新时代治国理政，必须实事求是、实干为先，加强勤政建设和作风建设，树立求真务实的工作作风，砥砺真抓实干的担当精神，为全面提高国家治理能力和治理水平夯实基础。求实崇信也是国际往来所必须遵循的基本准则。有些国家说一套、做一套，协定可以不履行，许诺可以不兑现，长此以往，不仅有损政府信誉和国家形象，也将严重阻碍全球治理能力的提升。

"为政以德"与"政者正也"是中国古代治理观念和治理模式的集中概括，也是中国传统政治文化走向现代的主要论题。以史为鉴，开创未来，在扬弃中继承"为政以德"与"政者正也"的治理智慧，赋予其新的时代内涵，才能厚植道德文化自信与政治文化自信的土壤，不断开辟中国之治的新境界，也才能有助于向世界诠释中国道路和中国方案的传统思想资源。

第一篇

德政

敬德、明德、施行德政是中国传统治理智慧的核心标识，也是中国政治运行的主要古典形态。从现代的角度看，如果过度强调道德伦理在国家治理中的作用，进而视其为决定国家治乱兴衰的根本，将不可避免地夸大德的政治价值而贬低或忽视制度（政治制度、法律制度）在治国理政中的地位和影响。但综合来看，任何国家要想实现长治久安，除了力行法治、不断完善法律在社会治理中的作用外，也离不开道德仁义、风俗教化。因此，在全面深化政治治理改革的过程中，我们必须给予德治足够的重视。坚持在依法治国的基础上，实现法治与德治相互结合、相互促进，推进国家治理体系和治理能力的现代化，既是新时代治国理政的时代呼唤，也是基于中国历史与文化传承的必然选择。

为政以德，譬如北辰，居其所而众星共〔1〕之。

——《论语》〔2〕

注释

〔1〕共：同"拱"，拱卫、围绕，引申为尊崇、归依、以其为中心。

〔2〕《论语》初成于战国时期，是由后人根据孔子弟子及再传弟子所记录的孔门言行汇编而成，并逐渐形成了不同的传承体系，如《古论语》《鲁论语》《齐论语》等。西汉末年张禹以《鲁论语》为主，融合了《齐论语》，并经东汉末年郑玄注释整理，遂成为传承至今的定本。《论语》以语录体为主，兼有对话体与叙事体，语言风格平实质朴、形象生动、辞约义博、思想深邃。《论语》集中展现了孔子的政治思想、伦理思想和教育思想，其中诸如"仁""礼""学"等一些核心概念和范畴为后世儒学和文明传承奠定了基调。作为儒家学派的创始经典，《论语》对两千多年中华文化的发展和民族心理的塑成产生了深刻的影响；同时，也为世界文化贡献了古老而弥新的中国智慧。

译文

为政者修德以治天下，如同天上的北辰，安居其所，众星围绕其位而运行。

解析

观象授时，辨方正位，是古人认识世界、认识时间和空间的主要途径。中国古天文学认为北极星恒明不动，可以之来正四时、辨方位，从而形成一个北辰位于天中，众星以其为轴心旋转而构成的宇宙图景。孔子相信天道与人道互通，天象变化、群星移动必然是人间世事的原型或范本，因此把宇宙学上的"众星拱北"图示，创造性地映射在政治事务治理之中。他把为政者比作北辰，而把民众比作拱卫北辰的群星。为政者要践行理想的政治，就要修德明义，得到老百姓的拥戴，实现政治清明、秩序井然。孔子认为德之源在天，修德性是领受天命的前提，因此，为政者必须注重修德，才能如天上北辰受众星拱卫那样，得到广大民众的自然拥戴。

"为政以德"在今天不仅仅依然具有国家治理的引领价值，而且对处理国际关系也具有指导意义。中华民族向来主张以德服人，反对以力服人。面对全新的国际舞台，坚持"为政以德"，凸显大国担当，占据道德制高点，既不粗暴干涉他国内政，也不以重利拉帮结伙，无形中就会形成强大的吸引力、感染力和感召力，使世界各国真诚地参与到新型国际政治秩序的建设中来，共同构建人类命运共同体。

道〔1〕之以政，齐〔2〕之以刑，民免〔3〕而无耻；道之以德，齐之以礼，有耻且格。

——《论语》

注释

〔1〕道：同"导"，引导，引申为领导、治理。

〔2〕齐：齐一、齐整，这里指整治。

〔3〕免：避免，这里指免于刑罚。

译文

用行政命令来治理国家，用酷刑峻法来整治民众，老百姓因为要免受惩治而不得不尊法守道，但并没有培养起羞恶之心；相反，如果以高尚道德来引导社会，以清明礼法来治理国家，则人人不仅懂得羞耻并且自律、自洁、自好。

解析

在孔子的治国理念中，"德"居于核心地位。他认为以德治国是最佳方略，与之相配的治国手段是礼法，而以政（政令、命令）治国则不够理想，与之相配的治国手段是刑罚。这样的治国理念与孔子对于周初礼乐文明秩序的向往相关，包含着他对春秋时期礼坏乐崩、天下无道的谴责。他看到了当时法家所倡导的仅仅以严刑峻法治国的弊端，肯定道德、德性在国家治理中的中心地位和重要作用，但也隐含着忽视政令、否定法规在治国理政中工具价值的倾向。因此，我们应该从历史和文化的视角对这一思想进行全面的解读和分析。

首先，孔子的"为政以德"具有政治理想主义色彩。孔子眼中的理想政治模式是"三代之治""南面而王"，如"无为而治者，其舜也与！夫何为哉？恭己正南面而已矣"（《论语·卫灵公》）。国家不动刀枪而民自治，这当然是一种理想。但这样的治理要在现实中实现，则需要众多的前提和条件。而且，有关"三代"时期的史料记载并不详实，崇尚所谓的"三代之治"必然会导向乌托邦式的治理模式。

其次，孔子主张"为政以德"与他对什么是"善治""良治"的理解有关。孔子对国家治理是否良好的评价标准主要取决于民德的状况，而不是简单的"国富兵强"（《韩非子·定法》）：坏的治理是"民免而无耻"，而好的治理则可以使民"有耻且格"。

再次，法度、政令是保持民德、官德的底线，刑罚从负面上维系着社会的运行。从根本上说，"法"与"德"并非对立的关系。孔子比较了以德治国和以政治国的优劣，认为"德治"优于"刑治"、"导引"先于"命令"，因为前者带来的是民德丰厚，而后者所能产生的只是一时安稳。但我们不能由此就说他在这一论断中否定了现代意义上的"法治"，而应该理解为他所主张的是"德""法"并举，以"德"为主，以"政"为辅。

德惟善政，政在养民。

——《尚书》〔1〕

注释

〔1〕《尚书》是我国最早的一部历史文献汇编，分为《虞书》《夏书》《商书》《周书》几个部分，早期统称为《书》，汉代出现今文《尚书》与古文《尚书》之别，因是儒家《五经》之一也被称为《书经》。《尚书》的内容博大精深，文字大多艰涩生僻、佶屈聱牙，但也有少数段落形象生动、明白晓畅。《尚书》记录了上古帝王尧、舜、禹及夏、商、周三代治国理政的事迹与见识，是中国历代王朝的政治哲学教科书。

译文

德就是使政治美好，好的政治就在于使民众生活美好。

解析

"德惟善政"表明，在中国早期文献中，德与政根本就是一回事。"德惟善政"与"为政以德"所要表达的意思大致相同。"政在养民"说明，政与民之间是联系在一起的。蔡沈《书集传》："且德非徒善而已，惟当有以善其政。政非徒法而已，在乎有以养其民。""德惟善政，政在养民"，把修德、善政、养民联结成一个整体，构建出了儒家政治哲学的基本纲领。

在具体的实践路径方面，关键是要重视和发展"六府三事"（《尚书·大禹谟》）。"六府"即水、火、金、木、土、谷，对此孔颖达的解释是，"六者民之所资，民非此不生，故言养民之本在先修六府也"。"三事"即正德、利用、厚生。利用、厚生大抵是让百姓不饥不寒、生活富足之事。而"正德"则可以有两种解释，孔颖达解为"正德者，自正其德，居上位者正己以治民，故所以率下人"，朱熹解为"正民之德"，蔡沈又进一步补充，"正德者，父慈，子孝，兄友，弟恭，夫义，妇听"。实际上，如果承认"正人先正己"的逻辑，那么"自正其德"与"正民之德"在本质上并没有很大的差别。

"德惟善政，政在养民"揭示了"德"的政治性和"政"的人民性，勾勒了儒学的初心和使命，也激励着中国的政治家永远把人民对美好生活的向往作为奋斗目标。

有道以统之[1]，法虽少，足以化矣；无道以行之，法虽众，足以乱矣。

——《淮南子》[2]

注释

[1] 有道以统之：意思是"以道统法"。

[2]《淮南子》又名《淮南鸿烈》《刘安子》，是由西汉淮南王刘安主持编写、刘安及其门客集体创作的一部哲学论文集。《淮南子》以先秦道家思想为指导思想，广泛吸收了先秦诸子百家学说中的精华部分，被《汉书·艺文志》归入"杂家"，是研究先秦思想史以及汉初学术动态的重要著作。

译文

为政者以道作为法的指导原则，法令即使很少，也足以感化民众。为政者不按照道的原则而施行法，法令即使很多，也足以引发祸乱。

解析

西汉王朝建立之初，首先要面对的重大历史课题就是如何总结"秦二世而亡"的经验教训。是时，帝国上下充斥着一种反思情绪。秦国的治国理念主要来自法家思想，重新思考和定位"法"在国家治理中的角色，必然是当时的学界、政界非常关注的问题。《淮南子·泰族训》明确指出，"故法者，治之具也，而非所以为治也，而犹弓矢，中之具，而非所以中也"，认为"法"只是国家治理的手段和工具，但国家治理的根本原则或者说最高境界是"道"，"法"的制定和施行都要以"道"为基础，"有道以统之，法虽少，足以化矣；无道以行之，法虽众，足以乱矣"。

　　法治是国家治理能力和治理体系的重要依托。秦国的法律繁多、体系完备，之所以很快就灭亡了，归根到底是因为秦国的法治理念不以人民为中心，不体现人民意志，缺少道义基础。法治是现代国家的重要标志，《淮南子·泰族训》对以往的法治观进行了反思，强调法治背后的政治逻辑和道义精神，这可以为现代国家实行法治提供历史启示。

> 王者承天意〔1〕以从事，故务德教而省刑罚。
>
> ——《汉书》〔2〕

注释

〔1〕天意：上天的意旨、意志、心意。参见《墨子·天志上》："顺天意者，兼相爱，交相利，必得赏；反天意者，别相恶，交相贼，必得罚。"

〔2〕《汉书》，又称《前汉书》区别于《后汉书》，初成于东汉时期，由史学家班固编撰，是中国第一部纪传体断代史。《汉书》是"二十四史"之一，与《史记》《后汉书》《三国志》并称为"前四史"。《汉书》主要记述了公元前209年至公元23年的历史，包括"本纪"十二篇、"表"八篇（由班固妹班昭补写而成）、"志"十篇、"列传"七十篇，共一百篇，后由颜师古重新划分，变成今行本的一百二十卷。《汉书》开创了断代史体例，具有重要的方法论意义，此后历朝历代官修正史皆因循沿袭。《汉书》记述翔实，对于政治、经济和思想文化均有详细记载，具有极高的史料价值。

译文

以王道治理天下的人秉承上天的意旨处理政事，所以致力于德教而简省刑罚。

解析

在中国古典政治哲学架构中，王道本于天道，"天生德于予"（《论语·述而》），而可以在王道与天道之间沟通、流动的力量就是

"德"。无论是个人修养问题还是国家治理问题，"德"都拥有强大的建构力和解释力。古人理解天道、天德的方式往往是观物取象，"仰则观象于天，俯则观法于地"（《易传·系辞下》）。董仲舒通过观察自然运行规律，认识到"王者欲有所为，宜求其端于天。天道大者，在于阴阳。阳为德，阴为刑。天使阳常居大夏而以生育长养为事，阴常居大冬而积于空虚不用之处，以此见天之任德不任刑也"。董仲舒以此总结出"王者承天意以从事，故务德教而省刑罚"。"天意"任阳、德、夏、生，不任阴、刑、冬、空，所以为政者也要重视德教而减少刑罚，如同《尚书》所言，"与其杀无辜，宁失不经。好生之德，洽于民心"（《尚书·大禹谟》），这样，民众自然不会触犯刑法。

儒家政治哲学的基本概念和指导性原则是"德"，治国理政的手段和方法论是"教"，理想的效果是"化"民，最终的目标是成"美俗"。因此，孔子讲"不教而杀谓之虐"（《论语·尧曰》），朱子则说"唯教学可以化民，使成美俗"，"则明德以新民，而可以化民成俗矣"（《礼记集解·学记》）。所以，"德教"虽然是词组，然而教必有德、德必可教，其义可通为一。

有德此〔1〕有人，有人此有土，有土此有财，有财此有用。德者本也，财者末也。

—— 《大学》〔2〕

注释

〔1〕此：相当于乃、则、才。

〔2〕《大学》传统上认为是孔子最年轻弟子曾子的作品，但其实成书于秦汉时期。西汉时期收录于《礼记》，成为其一个篇章，后经宋代朱熹汇编，与《中庸》《论语》《孟子》并称为"四书"。《大学》主要论述了儒家伦理学与儒家政治哲学之间的关联性与一致性，文中提出的"三纲领"（明明德、亲民、止于至善）和"八条目"（格物、致知、诚意、正心、修身、齐家、治国、平天下）引领了一代又一代的中国人既重视道德修养，又心怀济世理想。

译文

有德才会集聚民众，有民众才能扩展领地，有土地才会积累财富，有财富才能有各项用度。明德是根本，财货是末端。

解析

《大学》是儒家德性政治观的代表性文献，主张为政者应该以"明明德"为最高政治理想。而要实现"明明德"于天下的目标，为政者必先谨慎地修养自身的德性，也即《大学》中所说，"德也者，先慎乎己，后明于人"。有德，民心才能归附、人丁才能兴旺。有了民心归附和人民的拥戴，才能据有越来越多的土地，继而国家的财政系统才能有效运转，各项用度支出才能得以展开。从德到人、土、财、用，概括性地展示了儒家所设想的国家治理逻辑的因果链条。由于德位于链条的始端，财、用都位于链条的末端，又引出了德、财不相并的观点，即古人历来崇尚的"德本财末"。

"德本财末"的思想根植于中国传统农业社会"重农抑商"的历史背景，对德的力量和作用有夸大之嫌。但也不能据此就否认"德本财末"的积极意义，"德本财末"一方面高举王道政治理想，另一方面抑制了重利轻义的不良社会风气，仍然具有时代价值。另外，"有人此有土，有土此有财"在历史上往往用来为"民本政治"做辩护，抑制执政者肆意颁行苛捐杂税的做法。

国不以利〔1〕为利，以义为利也。

—— 《大学》

注释

〔1〕这里的"利"专指一己私利和财货之利。

译文

治理国家不能以私利为利，而应该以道义为利。

解析

"国不以利为利，以义为利也"既是国家致富之道，也是政治治平之则，更是《大学》所勾画的为政以德之蓝图。"以义为利"如何能达至生财、治平？首先，"生财有大道，生之者众，食之者寡，为之者疾，用之者舒，则财恒足矣"（《大学》）。"生之者众"同"有人此有土，有土此有才"，又"有德此有人"是因为"得道者多助"（《孟子·公孙丑下》），所以此处已经引出了"以义为利"的根本逻辑。"食之者寡"与"生之者众"相对，"食之者"非"生之者"，应为"食禄者"，即国家公职人员。"食之者寡"谓食禄者不与民争利，国家也不冗官、冗兵、冗费。"为之者疾"，创造财富的人要急切为先，而"用之者舒"，则指国家财政用度要舒缓。其次，"仁者以财发身，不仁者以身发财"。所谓"财聚则民散，财散则民聚"，仁者散财于民则民聚，民聚则自得名位；不仁者以名位聚财于己，其结果当然是身、财两失。最后，"未有上好仁而下不好义者也，未有好义其事不终者也，未有府库财非其财者也"。上好仁，好仁即好施，好施于下，则下好义，好义则必报。若以必报之心，则视国之事为己之事，视国之财为己之财，有事则成，有财则守，此所以"国不以利为利，以义为利也"。

德与政非两事。

—— 《朱子语类》[1]

注释

[1]《朱子语类》是宋代理学家朱熹与其弟子问答的语录汇编，由黎靖德以类编排。《朱子语类》基本代表了朱熹的主要思想，包括朱熹的形而上学思想、伦理思想、认识论和方法论思想，以及明道统、排佛老的理论旨趣。

译文

修德与为政并非完全不同的两件事情。

解析

"为政以德"中的"以"在许慎那里定义为"用"（《说文解字》），由此"为政以德"似乎可以理解为"为政用德"。以德、用德的讲法，在某种意义上确实容易让人以为"德"本身并不是目的，也没有内在价值，而只是为政的手段和工具。正是基于此，朱熹才提出了"德与政非两事"，意在重新确立德的内在价值。德与政相等是因为"以德为本，则能使民归"，民心是最大的政治。然而，为政以德不是说为政者将行此德，就是为了让民归我，若是如此，本质上就仍是"霸道"。如同儒家讲的"以德服人"，不是为了让人服我，而是自然的心悦诚服。另外，在发生的先后顺序上，德亦在为政之先：人必须先有德，然后才能为政，而不是成了为政者之后，才去修出个德来。所以说，"德者，得也"（《礼记·乐记》）。"德与政非两事"

还意味着，德与政令、刑罚并不是非此即彼的关系，本该有的治理措施不可荒废，只是民归、民服主要在于德，而不在于事。朱熹对"为政以德"的辨析十分精到，明确了德在德与政关系中的首要地位以及德的逻辑在先性，同时又限制了德的力量和适用范围，为我们深入理解"为政以德"提供了思想资源。

以德为国者，甘于饴蜜〔1〕，固于胶漆〔2〕。

——《春秋繁露》〔3〕

注释

〔1〕饴蜜：饴糖和蜂蜜。含糖量很高、味道很甜的食品，常用来比喻感受或生活非常幸福。参见成语"甘之如饴"。

〔2〕胶漆：胶和漆。黏性极强的物质，常用来比喻感情或关系十分牢固。参见成语"如胶似漆"。

〔3〕《春秋繁露》是汉代董仲舒撰写的一部政治哲学著作。《春秋繁露》以《春秋公羊传》中的"春秋大一统"思想为宗旨，以先秦儒学为理论基础，以"天人感应"和阴阳五行说为内在逻辑，建构了一套体系完备的政治哲学、政治神学体系。《春秋繁露》的核心主张适应了汉代"大一统"的需要，为汉代中央政权的巩固和扩大提供了理论依据，反映了汉代儒学发展的新动态，对后来的国家治理和思想政治教育都有着深远的影响。

译文

以德来治国理政，民众的生活就会甜美得像蜜糖一样，民众的联结就会稳固得如同胶漆一般。

解析

天、地、人"三才"系统是古代中国人认识和把握世界的主要观点和看法之一。《易传·系辞下》："有天道焉，有人道焉，有地道焉。兼三才而两之，故六。六者非它也，三才之道也。"在董仲舒的政治哲学中，"三才"系统占据着重要地位，董仲舒称天、地、人是"万物之本"，而治国理政的核心要义就是"崇本"，恭敬、审慎地对待天本、地本、人本。

董仲舒认为，"天德施，地德化，人德义"（《春秋繁露·人副天数》）。"为政以德"（"以德为国"）即是为政以天德、地德、人德，具体来说，"郊祀致敬，共事祖祢，举显孝悌，表异孝行"是遵奉天之"生"；"秉耒躬耕，采桑亲蚕，垦草殖谷，开辟以足衣食"是遵奉地之"养"；"立辟雍庠序，修孝悌敬让，明以教化，感以礼乐"是遵奉人之"成"。"三德"是"三才"系统的伦理维度，儒家使其与政治领域相结合，"以德为国者，甘于饴蜜，固于胶漆"，自然能够实现善治。

董仲舒非常强调"三才"之间的配合，"三者相为手足，合以成体，不可一无也"。古人提出"三才"的观念，并将之联系成一整体，在天地之间高举人道主义的旗帜，在人与自然之间搭建和谐共生的桥梁，对中华文化和世界文明都具有重大的启示意义。

为政之道，第一要德感诚孚〔1〕，第二要令行禁止。

——《呻吟语》〔2〕

注释

〔1〕孚：本义为信用，衍义为信服。

〔2〕《呻吟语》是明代吕坤的代表作，以语录体、箴言体、笔记体为主，言简意赅，微言大义。吕坤在原序中称："呻吟，病声也；呻吟语，病时疾痛语也。"全书以儒家思想为主调，吸收了诸子百家的思想精华，立足于明朝后期由盛转衰的历史背景，力陈当时社会、人心之弊病，提出了一系列独到的见解，清代尹会一（1691—1748）称其为"奚疾砭骨之神针，苦口之良剂"。

译文

治国理政的道理，第一要以德感化民众、以诚使人信服；第二要政令畅通、纪律严明。

解析

在早期儒家思想中，王道与霸道呈现出明显的对立、紧张态势。但从明代吕坤（1536—1618）所阐述的"为政之道"来看，王霸兼用、王霸杂糅确是中国传统治理观念发展的主要趋势之一。"德感诚孚"源自提倡王道的孟子，"以德服人者，中心悦而诚服也"（《孟子·公孙丑上》）；"令行禁止"出于推行霸道的管子，"令则行，禁则止，宪之所及，俗之所被，如百体之从心，政之所期也"（《管子·立政》）。吕坤虽然将孟子与管子的政治主张进行了结合，但以

为政以德　政者正也

35

王道思想为主、以霸道思想为辅，仍有个第一、第二的分别。在吕坤看来，"令行禁止"对于国家治理是必不可少的，令不行、禁不止，便和无政府状态没有分别，如此别说治理天下，恐怕连一个乡村也无法治理。而"德感诚孚"相较于"令行禁止"之所以更为基础，主要表现在两个方面：首先，"化民成俗之道，除却身教再无巧术"，为政者带头遵纪守法、以身作则是确保"令行禁止"的前提；其次，"圣人治民如治水"，必须因民情、顺民心，"德以柔之，教以论之，礼以禁之，法以惩之"，才能实现"令行禁止"。

隆礼贵义者，其国治；简礼贱义者，其国乱。

——《荀子》〔1〕

注释

〔1〕《荀子》是战国后期儒家学派的重要典籍，今存三十二篇，大部分为荀子本人所作，也有少数篇目可能是由其弟子整理而成。《荀子》是荀子晚年为系统讲述自己学术思想以及总结"百家争鸣"而作，是一部以儒家思想为核心，同时集诸子百家之大成的著作。《荀子》的内容十分丰富，涉及人性论、认识论、天人关系、王道政治、礼义法度、教育理念等重大论题，勾勒了中国"礼仪之邦"的文明形象，塑造了中华民族热爱学习、善于学习的民族品格。

译文

崇尚礼、重视义，国家就能得到治理；怠慢礼、轻视义，国家就会陷入混乱。

解析

荀子与临武君在赵孝成王面前辩论兵道。临武君先是讲了一些用兵的战术，荀子则指出，"凡用兵攻战之本在乎壹民"，民心一致才是所有战术的根本。临武君以孙膑、吴起为例，认为孙吴用兵如神、变化莫测，乃至无敌于天下，并不受民心左右。荀子接着论证，上下离心离德是不可能战胜"百将一心，三军用力"的。孝成王和临武君转而问荀子，如何才能打造一支同心同德的军队？荀子的主张可以理解为：为政者是本，领军者是末。为政者要先治理好国家，然后才能治理好军队。而治理好国家的关键就在于"隆礼贵义"，"隆礼贵义者，其国治；简礼贱义者，其国乱"。国家"隆礼贵义"，民心就能一致，"礼义教化，是齐之也"。"民齐者强，民不齐者弱"，以民不齐的势诈之兵攻打民齐的王者之兵，就好比拿一把小匕首去砍泰山一样，只有天底下最愚蠢的人才会去尝试。

荀子没有将用兵、治军之道限制在军事领域，而是强调为政者"隆礼贵义"的重要作用，为我们在今天更好地理解强国与强军的关系提供了重要启示：第一，强国是强军的前提，一切用兵之道必须要有兵可用；第二，兵强的关键是同心同德，兵弱的关键是离心离德。

道德之威，成〔1〕乎安强。

——《荀子》

注释

〔1〕郑玄注："成，犹终也。"

译文

道德的力量，终将实现国家安定强盛。

解析

《荀子·强国》着重探讨如何使国家强大的问题。荀子把国家治理力量分成三种：道德的力量、暴察的力量、狂妄的力量。道德的力量就是"礼乐则修，分义则明，举错则时，爱利则形"，以道德的力量治理国家，就可以不用法家最为重视的"赏罚二柄"，也自然会民劝威行、秩序井然，终将实现国家安定强盛。暴察的力量就是"礼乐则不修，分义则不明，举错则不时，爱利则不形，然而其禁暴也察，其诛不服也审，其刑罚重而信，其诛杀猛而必，黯然而雷击之，如墙厌之"，以暴察的力量治理国家，实际上是严刑峻法的酷吏政治，终将使国家处于危险脆弱的境地。狂妄的力量就是"无爱人之心，无利人之事，而日为乱人之道，百姓讙敖，则从而执缚之，刑灼之，不和人心"，以狂妄的力量治理国家，为政者与民众互相敌视、互为敌人，国家迟早会灭亡。

《荀子·强国》原文中使用的是"道德之威""暴察之威""狂妄之威"，"威"即威力、力量，然而结合荀子对"三威"的阐释和说明，我们也可以这样理解：道德之"威"是一种威望、威信，暴察之"威"是一种威刑、威慑，狂妄之"威"是一种威强、威迫。三威皆威也，然结局终究不同，正应了那句老话：莫逞一时威风。

德，国家之基也。

——《左传》〔1〕

注释

〔1〕《左传》相传为春秋时期左丘明所作，原名为《左氏春秋》，汉代改称《春秋左氏传》，简称《左传》。《左传》以《春秋》为纲，通过记述鲁隐公元年（公元前722年）至鲁哀公二十七年（公元前468年）期间的具体史实来解释《春秋》的纲目，与《公羊传》《穀梁传》合称"春秋三传"，是研究先秦史学和先秦儒学的重要典籍。

译文

德是国家的根基。

解析

范宣子（？—公元前548）在晋国为政，向诸侯们征收的财物很重。郑国子产（？—前522）于是给范宣子写信，控诉范宣子治理国家"不闻令德而闻重币"，即从没听说过美好的德性，只听说过沉重的贡税。子产劝谏范宣子要为政以德，而不是为政以贿（财帛），"君子长国家者，非无贿之患，而无令名之难"。为政以贿有什么弊端呢？首先，各诸侯国的财富都集中在一个大国（晋国）的府库，诸侯就会离心；其次，如果为政者依赖这种方式治理国家，百姓就会离心。子产明确指出，"德，国家之基也"，为政以德，诸侯和百姓才能同心。

子产将"德"与"令名"联系起来，认为美好的名声就像传播德行的车舆一样，"夫令名，德之舆也"。这一看法对于时下"好事不出门，坏事传千里"的消极印象可以起到一定的矫正作用。《穀梁传》也讲："德厚者流光，德薄者流卑。"德是具有传播力和感染力的，"恕思以明德，则令名载而行之，是以远至迩安"。子产还将"德"与"乐"联系起来，"有德则乐，乐则能久"，《诗经·小雅·南山有台》讲："乐只君子，邦家之基。"正是因为君子有美好的德性，可以成为国家的基石，所以才让人快乐啊。

忠信谨慎，此德义之基也；虚无谲诡，此乱道之根也。

—— 《潜夫论》[1]

注释

[1]《潜夫论》系东汉时期王符所作，全书共十卷三十六篇。《潜夫论》以讨论治理之道为主，着重阐明了各个领域中的"本末"关系，对当时的"衰世之务"进行了批判，是今天研究东汉政治生态和社会状况的重要史料。

译文

忠实诚信、严谨审慎，这是德义的基础；弄虚作假、诡计多端，这是乱道的根源。

解析

东汉思想家王符（公元85？—163？）认为，国家治理的核心问题就是何为"本末"的问题，治道是"抑末而务本"，而乱道是"离本而饰末"。在他看来，为政者"务本"就是以"富民""正学"为要务，与儒家"富而后教"的理念一脉相承。王符的独特贡献在于，他在"富而后教"的基础上提出了"忠信谨慎，此德义之基也；虚无谲诡，此乱道之根也"，将"富民""正学"中的真诚性与虚伪性问题摆在了突出的位置。王符敏锐地觉察到当时整个社会普遍存在的"伪善"问题，并以真诚性与虚伪性为视角重新审视"富"和"教"的问题，认为诈巧虚伪足以使国家陷入混乱。

在"富"的问题上，王符看到一些富裕的工商业者"外虽有勤力富家之私名，然内有损民贫国之公实"，提醒为政者加强市场监管，维护国民经济秩序。在"教"的问题上，王符注意到一些流行的社会习尚"外虽有振贤才之虚誉，内有伤道德之至实"，呼吁社会教化要"遂道术而崇德义"。王符忧心于"名不副实"所导致的一系列社会乱象，从多个方面论证了"政者正也"中"正名"的重要性，他的核心观点可以以《管子》中的"守慎正名，伪诈自止"（《管子·正第》）来概括。

论〔1〕德而定次，量能而授官。

—— 《荀子》

注释

〔1〕王先谦认为，"论"当作"讟"，"讟"通"决"，原文应是"决德而定次"。此处列出，以备一说。

译文

要根据一个人德性之高低来确立其地位的高低，衡量其能力之大小而授予相应的官职。

解析

官吏的选拔与任用是政治制度的重要组成部分，古今中西政治哲学对此都有大量的讨论。"选贤与能"（《礼记·礼运》）是儒家德性政治的标识性内容，是儒家在如何处理这一问题上的独特贡献。荀子以贤与能作为用人的基本规则，认为"德"与"能"是确立地位、授予官职的关键指标。但这段典文比传统的"选贤与能"更进了一步，"论"和"量"相较于"选"更加强调"标准"的客观性，体现了荀子对"公正"的强调。

"论德量能"对于加强人才队伍建设，提高治理能力有着积极作用。"论德量能"旗帜鲜明地反对任人唯亲、世卿世禄的私授、虚受现象，同时也不赞成唯才是举的用人政策，而是强调为政者的德性，认为德薄位尊、德不配位必会有灾祸发生。然而，我们不能由此就把荀子的"论德量能"理解为一种政治上的精英主义，因为他借此要实现的是"其人载其事,而各得其所宜"(《荀子·君道》)。
儒家所构想的力胜其任、各安其位的和谐政治图景,以及德才兼
备、以德为先的人事考评标准,有助于改善以西方精英主义、科层
理性为主导的政治文化。

以力服人者，非心服也，力不赡〔1〕也；以德服人者，中心悦而诚服也。

—— 《孟子》〔2〕

注释

〔1〕赡：足、充足、足够。

〔2〕《孟子》是儒家经典著作，是战国时期孟子的言论汇编，记录了孟子参与学术论辩、游说诸侯、教育弟子等活动，生动地展现了孟子的政治思想、伦理思想和教育思想。《孟子》行文气势磅礴、雄辩滔滔，富有表现力和感染力。孟子是孔子学说最重要的继承者之一，被称为"亚圣"，他继承了孔子"仁"的思想并将其发展成"仁政"，对中国人文精神和政治理念影响深远，同时也是世界文化的瑰宝。

译文

依靠武力使人服从，对方并非真心服从，只是因为他的力量尚不足以反抗而已。而依靠高尚品德让人信服，人家才会心悦诚服。

解析

"以力服人"还是"以德服人"是分辨"霸道"与"王道"的主要标准之一。孟子指出，霸道是"以力假仁"，王道是"以德行仁"。"以力假仁"就是说，把扩充实力当作治国理政的核心目标，又假借仁义之名号召和征伐。霸道的本质是以力服人，所以"霸必有大国"，只有实力强劲的大国才能行霸道。王道的本质是以德服人，所以"王不待大"，和国家大小、实力强弱没有关系。孟子为了进一步说明两者的区别，还举了"汤以七十里，文王以百里"作为案例。商汤、文王创业之初是否真的只有百里之地，此处暂且不论，孟子以之为例，印证了小国、弱国也可以行王道。国家的发展是一个动态的过程，商汤、文王治下的国家也经历了从小到大、由弱变强的过程。那么，殷、周在成为大国之后，是否仍然贯彻了以德服人，以及如何分辨大国究竟是在以力服人还是以德服人呢？孟子提供的判断依据是：民众有没有"心悦诚服"。孟子从民众的感受和立场出发，为两种道路找到了最终的裁判，充分体现了他的民本思想。孟子早在两千多年前就认识到了"霸必有大国"但"大国不必霸"的深刻道理，对现在仍然坚信"国强必霸"以及鼓吹"中国威胁论"的某些国家来说，也许可以起到清醒剂的作用。

周虽旧邦〔1〕，其命维新。

——《诗经》〔2〕

注释

〔1〕邦：国。

〔2〕《诗经》是中国最早的一部诗歌总集，收录了从西周初年到春秋中叶（前 11 世纪至前 6 世纪）的诗歌 311 篇，其中 6 篇为笙诗，即只有篇名却没有内容。《诗经》的作者大多都不可考，相传是由尹吉甫收集、孔子编订。《诗经》在先秦时期称作《诗》，西汉时期被尊为儒家经典，始称《诗经》，内容分为《风》《雅》《颂》三个部分，涵括当时社会生活的方方面面，反映了周代的社会整体面貌。《诗经》在中国传统文化中享有极高的地位和深远的影响，奠定了中华文明的诗歌传统，塑造了中华民族几千年来的人文生活和精神世界。

译文

周虽然是［隶属于商朝的］旧邦国，但它领受的天命是新的。

解析

《文王》篇是《诗经·大雅》的首篇。朱熹《诗集传》云："周公追述文王之德，明周家所以受命而代商者，皆由于此，以戒成王"。"周虽旧邦，其命维新"正是"文王之德"的一种展现，即不断革新、创新而保持常新的德性。《礼记·大学》将"周虽旧邦，其命维新"与商汤之《盘铭》"苟日新，日日新，又日新"、《康诰》"作新民"并举，意在让君子努力不断更"新"人之德性。《易传·系辞上》

为政以德　政者正也

讲"日新之谓盛德",更是把"新"置于德性体系中最崇高的位置。

《毛诗序》云:"雅者,正也,言王政之所由废兴也。政有小大,故有《小雅》焉,有《大雅》焉。"《诗经·大雅》记述了周王朝"为政以德"的历史经验,给后世的为政者提供了历史镜鉴。"旧邦新命"是周兴之所由,也是中华民族五千年来弦歌不断的精神动力。站在新的历史起点上,继续坚持改革创新精神,才能把实现"中国梦"这一伟大事业不断推向前进。

礼义廉耻，国之四维。四维不张，国乃灭亡。

—— 《管子》〔1〕

注释

〔1〕《管子》大约成书于战国时期，是稷下学者托名管仲所作。《管子》内容庞杂，兼涉道家、法家、儒家、名家、兵家、农家、阴阳家等百家之学，应该不是一人、一时所能完成的。《汉书·艺文志》将《管子》列入子部道家类，《隋书·经籍志》列入法家类，不同的归类方式正体现了《管子》这部著作的复杂性和兼容性。《管子》以黄老道家为主，在国家治理问题上，注重以法治国与以德治国相结合、君主政治与民本政治相结合，可以说对百家之学起到了查漏补缺、取长补短的作用。

译文

礼、义、廉、耻是国家得以维系的四大纲领，如果不能够伸张发扬，国家就会灭亡。

解析

"四维"的思想出自《管子·牧民》，"四维张则君令行""四维不张，国乃灭亡"（《牧民·国颂》），"国有四维""何谓四维？一曰礼，二曰义，三曰廉，四曰耻"（《牧民·四维》）。北宋欧阳修在《新五代史·冯道传》中将其归纳成"礼义廉耻，国之四维。四维不张，国乃灭亡"，为今人所熟知。

礼、义、廉、耻何以如此重要？管子认为，有礼就不会逾越

为政以德　政者正也

51

规则、超过分寸，如此则秩序安定；有义就不会投机钻营、自谋仕进，如此则民无巧诈；有廉就不会掩盖过错、包庇恶行，如此则品行端正；有耻就不会同恶相济，朋比为奸，如此则邪事不生。欧阳修则认为，"礼义"是治人之大法，"廉耻"是立人之大节，"不廉，则无所不取；不耻，则无所不为"。

管子设计的国家治理方案呈现出一种房屋结构：仓廪、衣食是地基，礼义廉耻是四大支柱，鬼神、山川、宗庙、祖旧是顶层。管子将国家治理问题结构化、层次化，其中的每个层次都具有独特的功能，不同层次之间又是相互关联的递进关系，这对于构建多元化、立体式的国家治理体系有一定的启示作用。

绥之以道，理之以义，动之以礼，抚之以仁。此四德者，修之则兴，废之则衰。

—— 《吴子》〔1〕

注释

〔1〕《吴子》又名《吴起兵法》《吴子兵法》，由战国时期吴起创作。据《汉书·艺文志》记载，《吴子》一书共48篇，而今本《吴子》仅有6篇，或许是在流传的过程中有大量的散佚。《吴子》当中的军事思想非常富有理论性和创新性，是中国古代军事思想史上的重要著作。后世将吴子与孙子并称为"孙吴"。

译文

以道来安定民众，以义来治理民众，以礼来鼓动民众，以仁来爱护关怀民众。这四种德性，修之则国家兴旺，废之则国家衰驰。

解析

吴起（公元前440—前381）最初是儒门弟子，师从曾子的二儿子曾申，所以儒学可以说是吴起的思想底色。《史记·孙子吴起列传》记载，魏武侯有一次乘舟沿西河而下，向吴起感叹：魏国的壮丽河山是多么的险固啊！吴起却说，国之宝"在德不在险"，接着列举了历史上很多占据险要地形却因为不施行德政而灭亡的国家，"昔三苗氏左洞庭，右彭蠡，德义不修，禹灭之。夏桀之居，左河济，右泰华，伊阙在其南，羊肠在其北，修政不仁，汤放之。殷纣之国，左孟门，右太行，常山在其北，大河经其南，修政不德，武王杀之”。

　　吴起的证说充分展示了一个杰出的军事家对于地理、地形的熟稔，但更为可贵的是，吴起论国家兴衰不以地险、不以兵车，而专以德义。吴起的德治理念，就是"绥之以道，理之以义，动之以礼，抚之以仁。此四德者，修之则兴，废之则衰"。吴起的"四德"相较于管子的"四维"，增设了更具儒家风格的"道""德"，并把四维中的"廉""耻"归到"礼""义"之中，"凡治国治军，必教之以礼，励之以义，使有耻也"。吴起创造性地把德性力量与军事力量相结合，注重培养军队的德性，是对"德力之辨"的另一种理解，对于今天的治国理政以及国防和军队建设都有着启示意义。

治世以大德，不以小惠。

——《三国志》〔1〕

注释

〔1〕《三国志》是一部记载三国时期曹魏、蜀汉、东吴历史的断代史著作，为"二十四史"之一，由西晋陈寿编撰。《三国志》全书共六十五卷，其中《魏书》三十卷、《蜀书》十五卷、《吴书》二十卷。由于晋承魏统的缘故，《三国志》尊魏为正统。

译文

治理国家要施行大的德政，而不是搞一些小恩小惠。

解析

"治世以大德，不以小惠"，原本是诸葛亮用来反对宽宥、赦免罪犯的主张。诸葛亮列举名相匡衡、名将吴汉①为论证，并以刘表、刘璋为反面教材，指出频繁的"大赦天下"，于国家治理无甚益处。

"治世以大德，不以小惠"，何谓"大德"？《孝经·三才》中有一段关于先王之道的阐述，"先之以博爱，而民莫遗其亲；陈之以德义，而民兴行；先之以敬让，而民不争；道之以礼乐，而民和睦；示之以好恶，而民知禁"，这些可以视为施行"大德"的具体举措。

① 《汉书·匡衡传》载，匡衡曾上疏："臣窃见大赦之后，奸邪不为衰止，今日大赦，明日犯法，相随入狱，此殆导之未得其务也。"《后汉书·吴汉传》载，吴汉曾告汉光武帝刘秀："臣愚无所知识，唯愿陛下慎无赦而已。"

正始七年（246），蜀相费祎实行大赦，孟光则认为大赦实乃"偏枯"政策，是为政不公平的表现，并当众责备费祎。蜀汉尔后日见衰颓，可知费祎之才不及孔明。

在反腐斗争形势依然严峻复杂的情况下，有人提出"大赦天下贪官"的办法，把"为政以德"仅仅理解为减免刑罚、大赦天下是非常肤浅的。相反，我们必须坚定有腐必惩、有贪必肃的决心，巩固压倒性态势，并坚持制度反腐，形成现代政治制度、组织制度、监察制度一体化，营造不敢腐、不能腐、不愿腐的社会心态。

躬道德而敦慈爱，美教训而崇礼让，故能使民无争心而致刑错〔1〕。

——《潜夫论》

│注释│

〔1〕刑错：亦作"刑措""刑厝"，置刑罚而不用。参见裴骃《史记集解》："错，置也。民不犯法，无所置刑。"

│译文│

恭敬道德而敦厚慈爱，赞美教训而崇尚礼让，就能使民众没有争斗之心而使刑罚搁置不用。

│解析│

"躬道德而敦慈爱，美教训而崇礼让，故能使民无争心而致刑错"，王符的这一施政理念以儒家政治哲学为依归，是对孔子"道之以政，齐之以刑，民免而无耻；道之以德，齐之以礼，有耻且格"（《论语·为政》）的进一步阐发。

孔子有一条关于人性移易的论断，"唯上知与下愚不移"（《论语·阳货》）。在此基础上，王符指出，"上智与下愚之民少，而中庸之民多。中民之生世也，由铄金之在炉也。从笃变化，惟治所为；方圆薄厚，随镕制尔"。王符认为，大多数人的本性不是先天的，而是后天形成的，即他们的本性乃是由外部环境、社会教化塑造而成的。王符的人性论是其政治主张的前提，正因为民众的性情与国家的实际治理状况密切相关，所以，世道人心究竟如何，主要

为政以德　政者正也

57

取决于为政者的治理水平。

王符向为政者提供了三个层面的治国方略：其一，"和德气以化民心，正表仪以率群下"；其二，"躬道德而敦慈爱，美教训而崇礼让"；其三，"明好恶而显法禁，平赏罚而无阿私"。所谓"道德不厚者不可以使民"（《战国策·秦策一》），为政者首先要修己。"中庸之流，要在教化"（《后汉书·杨终传》），为政以德，以德化民是治理的关键，如此一来，民众没有争斗之心，刑罚也就可以废置不用了。

用仁义以治天下，公赏罚以定干戈〔1〕。

——《水浒传》〔2〕

注释

〔1〕干戈：干是一种防具、戈是一种武器，皆为古代常见兵器。"干戈"作为兵器的通称，后被引申为战争。

〔2〕《水浒传》是中国"四大名著"之一，作者为明朝的施耐庵。《水浒传》讲述了北宋末年以宋江为首的 108 位好汉在梁山起义的事迹。《水浒传》是中国历史上最早使用白话文进行创作的章回小说之一，流传极广、深受喜爱，对中国文学的发展有着巨大的影响，也是世界文学宝库中的传世佳作。

译文

施行仁义来治理天下，公正赏罚来平定战乱。

解析

"用仁义以治天下，公赏罚以定干戈"出自《水浒传》第八十二回《梁山泊分金大买市　宋公明全伙受招安》，系宋徽宗赵佶在招安诏文中对自己治理国家政绩的总结和概括。客观来讲，以宋徽宗为政期间的作为，应该担不起这样的赞誉，但"用仁义以治天下，公赏罚以定干戈"的治理理念本身是值得肯定的。"仁义"是儒家伦理学的核心概念，"用仁义以治天下"近似于"为政以德"；"赏罚"是法家特别重视的治理手段，但"公"却是儒家公正精神的体现，故而"公赏罚以定干戈"属于"政者正也"的一部分。

　　实际上，颇具讽刺意味的是，梁山好汉之所以选择起义，正是因为当时的朝廷"不用仁义"和"不公赏罚"。一方面，北宋朝廷因担心武官作乱，遂偏爱文官，对武将的待遇多有不公之处，致使习武之人前途堪忧。另一方面，梁山好汉中有很大一部分是司法不公、司法腐败、公正缺失的受害者，是被"逼上梁山"的。

国无义，虽大必亡。

——《淮南子》

译文

一个国家如果不讲道义，即使现在很强大也必然会灭亡。

解析

一个人或许有很多优秀的能力，比如智谋超群、勇力过人，但如果他没有良好的品质和善良的意志，便无法达至好的结果。《中庸》载孔子曾以讽刺的口吻说，"人皆曰'予知'，择乎中庸，而不能期月守也"。《论语·泰伯》中，孔子也曾说："勇而无礼则乱。"一个国家可能拥有雄厚实力，例如经济发达、兵强马壮，但如果缺少了道义基础和正确的核心价值观，最终也一定会衰亡。

国之所以存，人之所以生，其道理是相通的，"国无义，虽大必亡；人无善志，虽勇必伤"。德的力量不像国之大、人之勇那样显而易见，而是一种"软实力"①，但这种软实力却能够激发出强大的"正能量"，需要我们予以充分的重视。

为政以德 政者正也

① "软实力"是相较于"硬实力"而言的。一个国家的硬实力多体现为军事、经济、科技等有形的力量；一个国家的软实力多体现为政治、文化、外交等无形的力量。

国家之所以存亡者，在道德之浅深，不在乎强与弱。

——《上神宗皇帝书》〔1〕

注释

〔1〕《上神宗皇帝书》是苏东坡于熙宁四年（1071）冒死进谏神宗皇帝的奏疏。苏东坡在文中对"王安石变法"进行了批评，体现了他的政治观点。

译文

一个国家的存续、灭亡，关键在于道德的浅薄、深厚，而不在于国家的强大、弱小。

解析

"上书言事"是中国古代政治生活中的常态。苏东坡指出，上书言事的人虽多，但却以就事论事为主，很少有人直接向皇帝陈述国家之所以存亡的道理。苏东坡接着谈论自己对国家存亡的看法，"国家之所以存亡者，在道德之浅深，不在乎强与弱"，可谓是豪情万丈、血气方刚。

苏东坡认为，治国之道与养生之道是相通的。古人相信，人体内有"元气"，乃是维系生命的根本，苏东坡据此提出了国家元气说，一个国家的元气就是道德仁义、风俗教化，此乃决定国家历数长短的关键。

苏东坡的政治主张继承了儒家政治哲学的观点，"三代之得天下也以仁，其失天下也以不仁。国之所以废兴存亡者亦然"（《孟子·离娄上》）。虽然其对物质富强有所忽视，具有明显的片面性，但其主张"崇道德而厚风俗"以及不能为了发展而做有违道义、有伤风化的事情，仍具有借鉴意义。

务广德者昌，务广地者亡。

—— 《隋书》〔1〕

注释

〔1〕《隋书》是由魏徵主编、多人共同撰写的纪传体史书，全书共八十五卷，其中帝纪五卷，列传五十卷，志三十卷。《隋书》记载了隋文帝开皇元年（581）至隋恭帝义宁二年（618）共38年的历史，是现存最早的隋史专著，也是"二十四史"中修史水平较高的史籍之一。

译文

致力于广布德行就会使国家昌盛，致力于广占土地必然导致国家败亡。

解析

"华夷"关系问题、即古代中国与周边少数民族的关系问题，是历朝为政者必须处理的重大问题之一。"务广德者昌，务广地者亡"正是关于为政者如何对待四方邻国的一则历史洞见。所谓"国虽大，好战必亡"（《司马法·仁本》），仗着本国富足强盛，就要征服外邦的土地，以骄傲招致怨恨，以盛怒兴起战事，这样还不败亡，自古以来就没有听说过。隋炀帝扬言"眷彼华壤，翦为夷类"，举全国之力三征高句丽，致使经济凋敝、国库空虚、民不聊生，"天下死于役而伤于财"（《隋书·食货志》），为隋朝的灭亡埋下了伏笔。

"务广地者亡"，是要告诫统治者任何以强力的手段和战争方式扩大领土的企图，不仅会严重消耗国力，也会激起对方的奋勇反抗，结果自然是付出惨痛的代价。相反，儒家德性政治主张为政者应该广布德行、广施仁义，德性的力量如同春风化雨，"随风潜入夜，润物细无声"（《春夜喜雨》），结果当然是互利共赢。

　　中国是人类命运共同体的倡议者和践行者，是新型国际关系的推动者和建设者，中华民族是爱好和平的民族，不接受"国强必霸"的逻辑，不存在对外扩张的野心，更不构成对任何国家的威胁。

为政以德　政者正也

恃〔1〕力者虽盛而必衰，以德者愈迟而终显。

——《欧阳文忠公集》〔2〕

注释

〔1〕恃：依仗、凭借。

〔2〕《欧阳文忠公集》是北宋欧阳修的著作汇编，除了《居士集》为欧阳修本人编订以外，其他文集主要由南宋周必大等人编纂。欧阳修（1007—1072），字永叔，号醉翁，晚号六一居士，谥号"文忠"，是北宋时期的文坛领袖，被誉为"唐宋八大家"之一，曾主修《新唐书》，撰写《新五代史》，并留有《欧阳文忠公集》传世。

译文

凭借力，虽然有可能盛极一时，然而必然会衰败。依靠德，虽然有可能迟迟不见起色，然而最终会显达。

解析

"恃力者虽盛而必衰，以德者愈迟而终显"是欧阳修《尚书屯田员外郎赠兵部员外郎钱君墓表》中的一句评语。文章里的主人公钱氏德才兼备，欧阳修对他极为认可。欧阳修指出，钱姓出自陆终，系上古帝王颛顼的后裔，然而"自三代以来，无甚显者"。到了唐末时期，钱姓大多居住在东南地区。钱镠乘乱世而起，创立吴越国，独霸两浙十三州，成为吴越钱姓的始祖，此即欧阳修所说的"恃力者"。而武进钱氏"独以隐德"，却"累世不显"。欧阳修感叹，天底下岂有以力者如吴越钱姓称王百年而以德者如武进钱姓累世不显的道理？欧阳修这一问，直接触及了伦理学中的"德福一致"问题。伦理学也好、宗教学也好，任何劝人向善的学问，都必须对"好人没好报"的现象进行解释。所以佛教有"轮回"，基督教有天堂地狱和末日审判，而欧阳修给出的儒家式的回应是："恃力者虽盛而必衰，以德者愈迟而终显。"儒家的视角，具有一种世代性。无论是国家还是个人，"恃力"和"以德"的福报问题并不局限于一世一代，而是会延续到子孙后代。所以欧阳修的观点是，之所以会出现德福不一致的情况，乃是因为"恃力"和"以德"的"盛衰迟速之理"有所差别。同样，在治国理政的问题上，也是为政以德，利在千秋。

以实则治，以文则不治。

—— 《潜书》〔1〕

注释

〔1〕《潜书》是明末清初唐甄撰写的学术著作，是其哲学思想和政治思想的代表作。《潜书》原名《衡书》，意在权衡天下，后来作者连蹇不遇，遂改为《潜书》，以表达潜而待用之意。唐甄在《潜书》中，一方面，提出"乱天下者惟君"，猛烈地抨击了封建君主专制；另一方面，《潜书》反思儒学传统，主张"尽性"与"事功"相统一，这些思想都对近代社会的启蒙思潮产生了深远的影响。

译文

为政者实行、实干，国家就能长治久安。为政者空谈、文饰，国家就会动乱不安。

解析

唐甄被称为明末清初"四大著名启蒙思想家"之一，他的思想针砭时弊，关注社会现实问题。唐甄曾游历天下，却声称从未见过一个贤者。他指出，古之君子虽然很重视"文"，但是今之文非古之文，"其言虽美而非实义"（《潜书·无助》）。在他看来，今之学人，好发创见，喜谈心性，善辩多端，却无助于明心见性、成为贤者。于是，他把批判的矛头指向宋明理学，认为正是道学家们的各种学说导致了"文实分离"。宋代以降，儒家士大夫的"文实分离"经常为人诟病，"无事袖手谈心性，临危一死报君王"（《颜元集·学辨一》）。据此，唐甄明确指出，治国理政之道的核心就是"致其实"，为政者"以实则治，以文则不治"。

唐甄"治道贵实"的政治思想切中肯綮，而"尚文者实亡，尚貌者心亡"（《潜书·得师》）可为古今政事之警语。今日官场，衣冠言貌、陈事辨理，无不合度；开会、发文、检查、评比，无不俱到。然而，能否贯彻落实，真解百姓之所需，仍要打一个问号。"治道贵实"提醒我们，必须加强为政者的作风建设，树立求真务实、真抓实干的优良作风，让埋头苦干的"老实人"真正得到重用，才能有效提高政府的治理能力和治理水平。

为政以德　政者正也

天视〔1〕自我民视，天听自我民听。

——《尚书》

注释

〔1〕天视、天听：古人认为天不仅有意志（天意、天志），还有知觉，可以视听。

译文

上天所看到的来自我们民众所看到的，上天所听到的来自我们民众所听到的。

解析

古人相信天是一位人格神，具有意志和情感，高居上位，决定着人间福祸。在政治领域，上天主导着朝代更迭，唯有明天之德、顺天而行，才能得到上天庇佑，获得执掌朝政的天命，或维系朝代安稳与世事平安。

以偏远小邦之力推翻商朝后，周统治者意识到天并非高高在上的抽象存在，而是与人间世事密切相连。夏为何兴、为何亡，商为何能代夏，周又为何该伐商，无不是天命流转的体现。"惟天惠民"，天是惠爱民众的，"民之所欲，天必从之"。天虽然无形无相，但"天视自我民视，天听自我民听"，天的感知、感受与民的感知、感受是相连接的，所以，"以德配天"的关键就在于"以德养民""以德化民"，这反映了中国古代德性政治与宗教信仰的密切关系，并由此发展出"以民为本"的民本政治思想。

惟天无亲，克敬惟亲；民罔〔1〕常怀，怀于有仁。

——《尚书》

注释

〔1〕罔：无、没有。

译文

上天没有血亲，只亲近于恭敬之人。民众没有固定不变的归向，只归向于仁德之君。

解析

商王太甲不是王朝的开创者，而是大业的继承者。伊尹告诫太甲说"惟天无亲，克敬惟亲；民罔常怀，怀于有仁"，目的在于让太甲明白商朝的立国根本乃是"先王惟时懋敬厥德"，上天和老百姓的支持从来都不是无缘无故的，如果太甲不能像先王一样努力修德，商朝的基业就难以延续下去。

伊尹提出，为政者在处理与上天、民众、鬼神有关的事情时，要做到敬天、仁民、诚鬼神，才能令天亲、民怀、鬼神享。天和鬼神的说法，带有上古时期的迷信色彩，为后来的孔子所淡化，"敬鬼神而远之"（《论语·雍也》）。正如伊尹把敬天、仁民、诚鬼神一并归于德政，"德惟治，否德乱"，孔子也将敬、仁、诚视为重要的德性，并以仁为核心、将天和鬼神放在"务民"之后，进一步彰显了国家治理的人民性。

为政以德　政者正也

民之归仁也，犹水之就下，兽之走圹〔1〕也。

——《孟子》

注释

〔1〕圹：同"旷"，意思是广袤、宽阔。

译文

民众归向于仁德，就像水往下流、野兽向旷野奔走一样。

解析

民本政治是孟子政治哲学的核心内容。他曾说"民为贵，社稷次之，君为轻"（《孟子·尽心下》），认为，"得天下"的正确方法是得到民众的力量，"得其民"的正确方法是得到民众的衷心拥护，"得其心"的正确方法是"所欲与之聚之，所恶勿施"。民众的"所欲所恶"分别是什么呢？孟子引孔子说"道二，仁与不仁而已矣"。民众所欲即仁，民众所恶即不仁，"民之归仁也，犹水之就下，兽之走圹也"。

孟子选择这样的比喻，主要是为了突出两点：第一，归向于仁是民众的本性。就下，水之性；走圹，兽之性；归仁，民之性。孟子之所以称民众都是欲仁恶不仁、归向于仁的，是基于他的"性善论"，"人性之善也，犹水之就下也"（《孟子·告子上》）。第二，"民之归仁"是自然而然的。水往下流，无需外力干预；野兽向旷野奔走，无需外力驱使；民众归向于仁，"虽欲无王，不可得已"。

德莫高于爱民，行莫厚于乐民。

——《晏子春秋》〔1〕

注释

〔1〕《晏子春秋》又称《晏子》，是记录春秋时期齐国著名政治家、思想家晏婴（？—前500年）言行的一部著作，由史料和民间传说汇编而成，经过汉代刘向（公元前77年—前6）的整理，共有内、外八篇，二百一十五章。

译文

没有比爱民更高尚的德性，没有比乐民更敦厚的品行。

解析

"德""行"并列，应当分别指德性和品行，也即最高尚的德性是爱民，最敦厚的品行是乐民①。与之相对则是"德莫下于刻民，行莫贱于害民"。尤其是在政治领域，德性卑劣莫过于"刻民"，品行轻贱必然会害民。

"爱民"就是关爱保护人民、维护人民的利益、免除人民的疾苦，因为"良君将赏善而除民患，爱民如子，盖之如天，容之若地"

---

① 在一些版本中，这句话常常写作"意莫高于爱民，行莫厚于乐民"。刘师培在《晏子春秋补释》中指出，"此节四'意'字，均'德'字之讹也。'德'正字作'惪'，与'意'形近，故讹为'意'"，而后人又见"意"与"行"并列，所以就将它们理解为意愿和行为。然而，意愿、行为与爱民、乐民并没有直接的因果关系，由此印证了刘师培纠"意"为"德"的观点是正确的。

（《新序·杂事》）。"乐民"就是喜欢、热爱人民、使百姓安居乐业，"德足以安乐民者，天予之"（《春秋繁露·卷七》）。"刻民"就是苛刻、剥削人民，"刻民以奉君，犹割肉以充腹，腹饱而身毙，君富而国亡"（《资治通鉴·唐纪八》）。"害民"就是伤害、迫害人民。"天地节而四时成。节以制度，不伤财，不害民"（《易传·节卦》）是中国优秀传统政治所维护的基本操守。

政之所兴在顺民心，政之所废在逆民心。

——《管子》

│译文│

政权之所以兴盛，在于顺应民心。政权之所以废弛，在于违背民意。

│解析│

从古至今，政治与"民心"都是捆绑在一起的。政权的兴与废，关键就在于为政者是顺民心、得民心还是逆民心、失民心。然而，"民心"不是抽象的，顺民心也不能只是一种政治口号，所以《管子·牧民》开篇就讲道："凡有地牧民者，务在四时，守在仓廪。"[①] 要求为政者致力于四季农事，保证粮食充足，夯实国家治理的物质基础。接着，管子在《四顺》中又进一步指出顺民心与逆民心的具体内容。顺民心就是"从其四欲"：佚乐、富贵、存安、生育；逆民心就是"行其四恶"：忧劳、贫贱、危坠、灭绝。

管子将粮食问题视为治国理政的第一要务，正如袁隆平院士所说"一粒粮食可以救一个国家，也可以绊倒一个国家"，粮食问题、吃饭问题是最大的民生问题。管子不仅把"民心"落实到物质基础上，还把"民心"还原为人性中最基本的"欲"与

---

① 也即荀子所说的"春耕、夏耘、秋收、冬藏四者不失时，故五谷不绝而百姓有余食也"（《荀子·王制》）。

为政以德　政者正也

75

"恶"，体现了他坚持从实际出发、着力解决现实问题的实事求是的精神。

为政之道，以顺民心为本，以厚民生为本，以安而不扰为本。

——《二程集》〔1〕

〔1〕《二程集》是北宋理学家程颢、程颐全部著作的汇集，内容包括《遗书》《外书》《文集》《易传》《经说》《粹言》。程颢、程颐是河南洛阳人，他们开创的学派被称为"洛学"。二程把"理"作为其思想体系的最高范畴，奠定了宋明理学的理论基础。

| 译文 |

治国理政的大道，应以顺应民众心愿为根本，以丰富民众生活为根本，以安定而不侵扰民众为根本。

| 解析 |

中国古代政治哲学中的民本传统由来已久，可以追溯到周初政治家、思想家对天、天命的重新理解，"天视自我民视，天听自我民听"（《尚书·泰誓中》）。程伊川在《代吕公著应诏上神宗皇帝书》中阐述他的民本思想，实际上也是对"彗出东方"这一奇异天象的解读。

虽然天命一直是民本政治的合法性来源，但在很多时候，天命其实是作为一种规劝皇帝的让步技巧而被广泛使用的，这当然与中国古代的君主专制制度有关。皇帝自称为"天子"，一方面携上天之威权，另一方面就要受上天的制约，所以天就成了君臣对话的

为政以德　政者正也

"安全地带"。总之，"借天言事"并不仅仅意味着遵从天的逻辑，也是为民本政治寻找合法性的依据。

　　"为政之道，以顺民心为本，以厚民生为本，以安而不扰为本"可以从三个层次来把握，在第一个层次上，为政之道即以民为本；在第二个层次上，以民为本即以顺民心、厚民生、安而不扰为本；在第三个层次上，检验治理效果的标准在于民心是欢悦还是愁怨、民生是阜足还是穷蹙、政事是安之还是扰之。结合今天的治国理政而言，我们要坚持以人民为中心的发展思想，把不断保障和改善民生作为根本出发点和落脚点，并让人民群众有更多幸福感、获得感和安全感。

君者，舟〔1〕也；庶人者，水也。水则载舟，水则覆舟。

——《荀子》

注释

〔1〕舟：船。舟和船的指称相同，舟是船的古称，汉代以后的文本中多用船；另有一说，舟一般指小船。

译文

为政者好比是船，老百姓好比是水。水既可以承载舟船运行也可以颠覆船只。

解析

"君舟民水"是儒家政治哲学中的经典比喻。为政者应当明白，人民的力量之强大非一君之力所能匹敌，因此必须时刻保持对人民的畏惧，才能安坐庙堂。这一点，亲历了隋末农民起义的唐太宗李世民（598—649）有着清醒的认识。在总结古代帝王的治乱兴衰时，他指出"天子者，有道则人推而为主，无道则人弃而不用，诚可畏也"（《贞观政要·政体》）。魏徵（580—643）随即以"君舟人水"作答，李世民深以为然，并以之教育太子。

"君舟民水"一方面要求为政者"居安思危"，"如临深渊，如履薄冰"（《诗经·小雅·小旻》），"若蹈虎尾，涉于春冰"（《尚书·周书》），"如以腐索御犇马"（《新序·杂事》）。另一方面则要求"为政以德"，荀子劝谏为政者，想要安定，最好的办法就是平政爱民；想要荣耀，最好隆礼敬士；想立功扬名，最好尚贤使能。

现实中，一些为政者被手中的权力迷住了眼，自以为可以呼风唤雨无所不能，不把群众利益当回事，类似的现象必须加以重视、严肃处理。"君舟民水"，权力是人民赋予的，为政者要坚持一切以人民为中心的信念，扮演好人民公仆的角色，国家治理才能行稳致远。

王者富〔1〕民，霸者富士，仅存之国富大夫，亡国富筐箧、实府库。

——《荀子》

注释

〔1〕富：这里是动词，意思是使富足、使富裕。

译文

能行王道以治理天下者就使人民富足，能行霸道以称霸一方者则令兵卒将士富足，能勉强生存的国家仅令卿大夫富足，而即将灭亡的国家则关注统治者的私囊富足、国库充实。

解析

经济实力是衡量综合国力的重要指标，但"富国"绝不等于"强国"。荀子认为，强国与富国的区别，关键就在于财富掌握在哪一个阶层的手里。古代社会主要有四个阶层：统治阶层、士大夫阶层、行伍阶层、庶民阶层，人数逐层递增。财富越是集中在少数人手里，国家就越危险；越是分散在多数人手里，国家就越强盛。儒家王道政治的分配正义原则同时体现了道家的分配思想，"天之道，损有余而补不足"（《老子·七十七章》）。

荀子身处在一个礼崩乐坏、社会动荡的时代，面对贫富差距越来越大、豪强兼并愈演愈烈的社会现状，他提出"王者富民，亡国富库"的主张，体现了他的社会洞察力和政治智慧。当前，中国正处在从"富起来"到"强起来"的时代关口，一定要把握好"富国"

为政以德 政者正也

81

与"富民"的关系。在国家治理上，实施"乡村振兴"战略，使资源向贫困地区倾斜；注重教育公平，打通社会阶层流动通道。在国际事务中，共建"一带一路"，与沿线国家共享发展成果；坚持对外援助，共同谱写全球减贫新篇章。按照儒家"王者富民"的强国逻辑，就一定可以实现从"富起来"到"强起来"的历史性飞跃，与世界人民一起共建人类命运共同体。

政令时〔1〕，则百姓一，贤良服。

——《荀子》

注释

〔1〕时：适时、合时宜。参见《孟子·公孙丑下》"天时不如地利，地利不如人和"和《孟子·万章下》"孔子，圣之时者也"。

译文

政令颁行适时，老百姓就会团结一致，有德才的人也会心悦诚服。

解析

荀子认为，人必须生活在群体之中，同一群体中的人必须有各自不同的分工，否则人与人之间就会相互争斗，不仅削弱群体的力量而且导致秩序混乱。在这个意义上，为政之道也即"善群之道"，为政者一定要善于把社会群体有序地组织起来。"善群之道"的恰当运用，就表现为群体中的人各得其宜。"德者，得也"（《礼记·乐记》）。草木得其殖、六畜得其育的关键在于种植、饲养适时。与此相同，群众得其宜的关键在于政令颁行适时。"政令时"，离散的百姓才会成为一个整体，贤良之人也才会情愿为群体贡献力量。

"政令时"就是要求为政者知民生、察民情、听民意、顺民心，保养民力，适时而为。新时代治国理政的关键在于增强国家的凝聚力和向心力，赢得广大人民群众的拥护和支持，同心同德。

为政以德　政者正也

治大国，若烹小鲜〔1〕。

——《老子》〔2〕

注释

〔1〕河上公注："鲜，鱼也。"

〔2〕《老子》又称《道德经》《道德真经》《五千言》《老子五千言》，史载出自春秋时期老子之手，但当代学界大都认为是战国时期集结而成。作为道家思想的创始经典，《老子》对中国哲学的产生和发展起到了奠基作用，内容涵盖哲学、政治学、伦理学、军事学，对中国人的世界观、方法论和处世态度产生了深刻的影响。据联合国教科文组织统计，《老子》是全球文字出版发行量最大的著作之一，为推进世界哲学和文化的繁荣作出了巨大贡献。

译文

治理大国，要像烹饪小鱼一样。

解析

"治大国，若烹小鲜"是老子治国理念的隐喻性表达。《韩非子·解老》中说，"烹小鲜而数挠之，则贼其泽；治大国而数变法，则民苦之。"用今天的话来讲，就是"治国理政，不折腾"。

直接拿"治大国"与"烹小鲜"相比较，着眼点常落于二者之间的相似性，即"治理大国'就像'烹饪小鱼"，已经有了先入为主的观念，容易"求同不存异"。实际上，"治大国，若烹小鲜"是一种很反常识的说法，拆开来看则更为明显，"治"若"烹"、"大"

若"小"、"国"若"鲜"，呈现出三对极端相反的概念。故而，老子"治大国，若烹小鲜"所要强调的，不是一种直接相似性，而是一种辩证法，谓"治理大国'要像'烹饪小鱼"，二者之间的关联是需要政治智慧才能建立起来的。换言之，老子所要反对的，是"治大国，即治大国"，这是不懂辩证法的表现，唐太宗曾感慨，"秦始皇平六国，隋炀帝富有四海，既骄且逸，一朝而败，吾亦何得自骄也"（《贞观政要·论灾祥》）。

"治大国，若烹小鲜"与老子"治人事天，莫若啬"的理念相关，对于今天世界各国的为政者、特别是一些"大国"的领导者具有引导作用。平定六国、富有四海者，更要懂得保民、养民、安民、不伤民，为政以德，"夫两不相伤，故德交归焉"。

知屋漏者在宇〔1〕下，知政失者在草野〔2〕。

——《论衡》〔3〕

注释

〔1〕宇：本义是屋檐，泛指房屋。

〔2〕草野：乡野，这里指民间。

〔3〕《论衡》一书为东汉时期王充所作。"衡"的本义是天平，"论衡"就是评定各种理论的价值天平。在王充生活的时代，先秦儒学早已被汉儒改造成了"新儒学"，并成为官方意识形态。新儒学杂糅了阴阳五行之学，加上汉代统治者有意将儒学国教化，致使当时的思想领域充斥着天命神权、天人感应的观念，流行着迷信、谶纬之学。《论衡》正是以"实"为根据，力图对各种神秘主义进行分辨和批判，该书被冯友兰称为"疾虚妄古之实论，讥世俗汉之异书"。

译文

知道房屋会漏雨的人居住在屋檐下，知道政治有过失的人生活在民间。

解析

王充（公元27—97？）自称"细族孤门"，并非出自门阀士族。在东汉时期，寒门出身加上品性清高，注定了他的仕途充满坎坷。"知屋漏者在宇下，知政失者在草野"，正是王充长期生活在社会基层的切身体会。房子漏不漏，只有住过的人才知道。为政有没有过失，只有政策的作用对象才知道。无论是学术问题还是国家治理问题，王充都有着求真务实的精神和态度。

　　"庙堂"与"江湖"是中国传统文化中具有代表性的政治符号与民间符号。"草野"和"江湖"的指称是相同的，都表示与"庙堂""朝廷"相对的民间。在草野者，用今天的话来讲，就是群众、老百姓。"知政失者在草野"就是提醒为政者要多到民间去、多到一线去、多到基层去、多到田野去、多到群众中去。以民为本的为政理念如何落实到实际工作中？王充给出的启示就是倾听民声、体察民情，将群众路线常态化。

> 政以渐成，则民不骇〔1〕。俗以渐变，则功不偷。
>
> ——《拟连珠》〔2〕

注释

〔1〕骇：惊惧。

〔2〕《拟连珠》是明朝刘基（1311—1375）的作品。"连珠"是一种文体，始创于西汉时期，其特点是短小精悍、以比喻见长。《拟连珠》是刘基政治思想的总结和概括，对于治国理政具有指导意义，越来越受到人们的关注和重视。

译文

政策要以渐进的方式完成，民众才不会惊慌。风俗要以渐进的方式改变，功夫才不会浪费。

解析

刘伯温主张"政以渐成，则民不骇。俗以渐变，则功不偷"，体现了他在国家发展和改革问题上的渐进主义倾向和温和主义立场。在中国传统文化中，向来比较强调循循善诱、循序渐进，正所谓"欲速则不达"（《论语·子路》），反对揠苗助长和急于求成。历史上，激进的变法运动多以失败告终，强制改变风俗多引起剧烈的反抗。故而，对于为政者而言，无论是治国还是新民，都应该遵循事物发展的客观规律。

改革是社会主义发展的直接动力，但改革绝非一朝一夕之功。量变是质变的前提和必要准备，改革也是一个"螺旋式上升"的过程，不能逾越基本国情和基本矛盾而空谈改革。另外，移风易俗也需要久久为功。婚丧嫁娶、过年过节等传统习俗早已深入老百姓的日常生活，破旧立新必须充分考虑民众的接受能力和适应能力，不宜太过激进。

履〔1〕不必同，期于适足；治不必同，期于利民。

——《古微堂集》〔2〕

注释

〔1〕履：鞋子。

〔2〕《古微堂集》是清代魏源的别集，共十卷，分内、外两集，内集为《默觚》三卷，外集录有序、记、议论等七卷。魏源（1794—1857），清代启蒙思想家、政治家、文学家，提出了"师夷长技以制夷"的著名主张，是近代中国"睁眼看世界"的知识分子代表。

译文

鞋子不必相同，期望能够合脚；治道不必相同，目的在于利民。

解析

《韩非子·外储说左上》载有"郑人买履"的故事，郑人"宁信度，无自信也"，宁可相信鞋的尺码，也不相信自己的脚，可谓是教条主义的典型案例。魏源将这则寓言与治国理政相联系，"履不必同，期于适足；治不必同，期于利民"，一个国家的治理能力和治理体系的评价标准，关键就在于是否有利于这个国家的人民。苏东坡在《上神宗皇帝书》中也说到"大抵事若可行，不必皆有故事，若民所不悦，俗所不安，纵有经典明文，无补于怨"，政事是否可行，要看是否民悦俗安。

"履不必同，期于适足；治不必同，期于利民"，世界上没有放之四海而皆准的政治体制和政治道路，必须以历史的眼光审视之，以实践的方法践履之，以人民的标准绳纠之，找到适合本国国情的发展道路，并随着时代的变化不断改革创新。

畜〔1〕之以道，则民和；养之以德，则民合。

——《管子》

注释

〔1〕畜（xù）：畜养、培育。参见《老子·第五十一章》："道生之，德畜之，物形之，势成之。"

译文

以道来治理，民众就能和；以德来养育，民众就能合。

解析

"畜之以道，则民和；养之以德，则民合"，这句话当中有个很有意思的现象，即"畜"与"养"、"道"与"德"、"和"与"合"的字义在现代汉语中都比较相似，以至于"畜养""道德""和合"连用的情况非常之多。所以，此处不再细究单字之间的差异，而是关注整句话的结构和层次。"畜养"意指国家治理，"道德"关涉国家治理方式、方法，"和合"指向国家治理的目标和成效。管子将"和合"作为德治的理想效果，暗合《论语》中"礼之用，和为贵"（《论语·学而》）之意。

"和"或"和合"的文化基因对中华民族的影响非常深远：维护祖国统一和民族团结是中华民族不容触碰的底线，构建和谐社会是中华民族孜孜以求的愿景，实现人与自然和谐共生是中华民族不断追寻的境界，推进世界和平与发展、打造人类命运共同体是中华民族坚定不移的选择。

得道者多助，失道者寡〔1〕助。

——《孟子》

注释

〔1〕寡：少。

译文

有道义的人，得到的支持和帮助就多，没有道义的人，得到的支持和帮助就少。

解析

"得道者多助，失道者寡助"中的关键字"道"，当是"人和之道"，也即孟子所主张的仁政、仁道。孟子用儒家思维对中国传统文化中的"三才"系统进行价值排序：天时不如地利，地利不如人和，体现了鲜明的人道主义精神。孟子首先以攻城为例，攻方选择旷日持久的围城战，必是因为有合适的天气和时令；然而却久攻不下，必是因为守城方占据了易守难攻的有利地形。在另一起战事中，守城方坐拥高城深池、兵精粮足，但敌军一来便弃城逃走，必是因为攻城的一方人心所向、众望所归。所以，孟子说："域民不以封疆之界，固国不以山谿之险，威天下不以兵革之利。得道者多助，失道者寡助。"提醒为政者不要一味地追求天时地利而忽略了人和。

孟子接下来的话也十分精彩："寡助之至，亲戚畔之；多助之至，天下顺之。"儒家向来非常重视亲疏远近，但孟子的这句话表

为政以德　政者正也

明，道义是可以超越亲疏远近的，这与《荀子·子道》中的"从道不从君，从义不从父，人之大行也"的思想是一致的。孟子、荀子都主张，凡有道义之人，即使与他从未有过交情，也应该追随他；而没有道义的人，即使是骨肉至亲，也应该远离他。后世、特别是现代学界，对儒家的"亲亲相隐"多有质疑，孟、荀之言当是对儒家思想的重要发展。

积力之所举 [1]，即无不胜也；众智之所为，即无不成也。

——《文子》[2]

注释

〔1〕举：举动、动作、行为。

〔2〕《文子》据传乃春秋战国时期思想家辛氏计然所作，后又称《通玄真经》。《文子》是中国古代的重要典籍，它上承《老子》，下启《淮南子》，对道家、墨家、易学等都有一定的影响，是研究道家思想脉络的宝贵资料。

译文

积聚所有的力量去做一件事情，就一定会取得胜利；汇集所有的智慧去行动，没有不能成功的。

解析

"为政以德，譬如北辰，居其所而众星共之"（《论语·为政》），"众星共之"是"为政以德"的必然结果，也是"为政以德"得以持续的重要条件之一。正如文子所分析的，为政者个人的力量是有限的，之所以能够治理整个天下，是因为他懂得集中人力、物力、智力，"积力之所举，即无不胜也；众智之所为，即无不成也"。在《吕氏春秋·用众》中我们也可以看到同样的思想："故以众勇，则无畏乎孟贲矣；以众力，无畏乎乌获矣；以众视，无畏乎离娄矣；以众知，无畏乎尧舜矣。夫以众者，此君人之大宝也。"

"积力"与"众智"不仅对于治国理政是必须的，而且也是处理国际关系的必要方法。面对日益复杂的全球性问题，如能源安全、粮食安全、气候变化、恐怖主义，以及最近的新冠肺炎疫情等，任何国家都不可能通过以邻为壑、单打独斗的方式解决所有问题。人类是一个命运共同体，各个国家应当以积力、众智的方式，携手为人类造福和排忧解难。

礼之用[1]，和为贵。

—— 《论语》

注释

〔1〕用：运用、作用、功用。

译文

礼的运用，以和为贵。

解析

　　礼乐文明是中华文明的底色和特色，是中华文明发展史上最有生命力的文明形态之一。礼乐文明可以进一步划分为礼乐教化（伦理道德、修身养性）和礼乐制度（政治哲学、国家治理），还可以进一步拆解为礼文明和乐文明。《礼记·乐记》中对礼、乐的特质做出了一系列的规定和区分，"乐者为同，礼者为异""乐由中出，礼自外作""礼者殊事，合敬者也。乐者异文，合爱者也""乐者，天地之和也。礼者，天地之序也""乐也者，施也。礼也者，报也"以及"礼主其减，乐主其盈"。概言之，礼的特质是：异、外、敬、序、报、减，而乐的特质是：同、中、爱、和、施、盈。礼、乐的特质不仅是不同的、甚至是相反的，但二者之间的关系是"相反相成"，即所谓"仁之与义，敬之与和，相反而皆相成也"（《汉书·艺文志》）。

　　"礼之用，和为贵"中，"和"即"乐"之功，实际上是在讲礼乐相成。所以有子先言"礼之用，和为贵"，以免"礼胜则离"；后

为政以德　政者正也

97

言"知和而和，不以礼节之，亦不可行"，以防"乐胜则流"。有子强调"礼之用，和为贵"是"先王之道"，可见他所关注的并不仅仅是"礼""乐"的关系，而是如何为政的问题，皇侃对此的疏云："此以下明人君行化，必礼乐相须。用乐和民心，以礼检民迹。迹检心和，故风化乃美。"

老吾老，以及人之老；幼吾幼，以及人之幼。天下可运于掌。

—— 《孟子》

|译文|

孝敬自己家的老人，以此推及至孝敬别人家的老人；慈爱自己家的幼童，以此推及关爱别人家的幼童。[凡以此类推]，治理天下就会如同手掌中把玩一样运转自如①。

|解析|

在与齐宣王的对话中，孟子向他集中阐述了"为政以德"的政治主张。齐宣王首先问孟子，齐桓公、晋文公是如何治理国家的②。孟子回复齐宣王，儒门弟子不学齐桓晋文之道（"仲尼之徒无道桓、文之事者"），并强调要实行"为政以德"的"王道"。针对齐宣公"德何如则可以王矣？"之问，孟子论证了"为政以德"并非什么难事，而是像为老人"折枝"一样力所能及的事；因此，不实行"王道"的为政者，不是能力不足而是有意不为，从而引出他的著名论断，只要为政者能够做到"老吾老，以及人之老；幼吾幼，以及人之幼"，那么就可很轻易地运行天下于手掌之中。

---

① 东汉赵岐注："老，犹敬也；幼，犹爱也。"北宋理学家陈祥道（1053—1093）则进一步认为孟子之意是在教天下之孝、慈。

② 齐桓公、晋文公皆是春秋时期的霸主，象征着"霸道"，与儒家的治国理念相背，所以后来司马迁在《史记》中认为孔子对齐相管仲的评价不高，"管仲世所谓贤臣，然孔子小之"（《史记·管晏列传》）。

　　因循孔子"能近取譬可谓仁之方"(《论语·雍也》)的教导,孟子将之推广到政治治理之中,提出为政者要以"举斯心加诸彼"的方式来考虑政事,如能推恩于四海之民,就必然会"保民而王,莫之能御也"。他将儒家"为政以德"的思想进一步解释为"为政以仁",将"德政"解释为"仁政",强调为政者应该与百姓保持同情共感,发展了情感主义的伦理理论,更是丰富了儒家政治哲学的内涵。

物之不齐〔1〕，物之情〔2〕也。

——《孟子》

注释

〔1〕齐：齐一，意思是相同、一样。

〔2〕情：实情、状况。

译文

天下万物没有完全相同的，这是万物的实际情况。

解析

孟子的物不齐论或可说是儒家思想的哲学基础，对于理解"为政以德"具有方法论的价值。在本体论层面，儒家物不齐论不同于道家齐物论。道家主张"举莛与楹，厉与西施，恢诡谲怪，道通为一"（《庄子·齐物论》），程氏对此批判说"庄周强齐之，岂能齐也"（《二程集·粹言卷第二》）。在伦理学方面，儒家物不齐论不同于墨家兼爱论，墨家主张"爱人若爱其身"（《墨子·兼爱上》），而儒家却主张"亲亲之杀，尊贤之等"（《礼记·中庸》）。孟子提出"物之不齐，物之情也"，认为如无视物与物之间的差异性而使它们完全一致，就是在引导人们追求虚伪，如此治理国家，就是在扰乱天下。物不齐论作为儒家政治哲学的理论依据，要求为政者从实际出发，认清现实，承认差异，并依照实情制定相应的政策法规。

物不齐论虽然是儒家借以阐发"爱有差等"的前提，但具有更广泛的意义。高珩《丧棚迂解》指出"亲知相爱，诚有愿为之者，则亦有不愿为之者矣"，一定要具体问题具体分析。以物不齐论分析中国传统文化，则儒、释、道、法、墨、兵、农，各有其独特性。放眼世界文明，则各个国家、各个地区都有自己的文明形态，不同文明之间的交流互鉴必须建立在对文明多样性的尊重和认同之上。

不患〔1〕寡而患不均，不患贫而患不安。

——《论语》

注释

〔1〕患：忧虑、担心。

译文

不担心贫乏，而担心分配不均。不担心寡少，而担心不安住。

解析

《春秋繁露》《盐铁论》《魏书》等著作以及后来的很多学者，都认为《论语》所记载的"不患寡而患不均，不患贫而患不安"乃传讹，因此改为"不患贫而患不均，不患寡而患不安"。无论是基于句义分析还是考虑到与下文"均不贫，和无寡，安无倾"的承接关系，此种改法都很有道理。孔安国对此注曰"不患土地人民之寡少，患政理之不均平"；"忧不能安民耳，民安则国富"。春秋战国时期，土地兼并盛行，各诸侯国争相称霸。"广土众民"是强大的根本，因此成为各国普遍追求的战略目标，而老子所主张的"小国寡民"实际上是各国都比较担心的情况。孔子则指出，为政者不应该担心土地、人民的寡少，而应该首先关注"政通人和"的问题。包咸注："政教均平，则不患贫矣；上下和同，不患寡矣；大小安宁，不倾危矣。"均、和、安的实现过程，就是为政者"修文德"的过程。

为什么"为政以德"就可以不患贫、寡了呢？因为"德"具有强大的凝聚力和向心力，不仅可以使"远人"慕德而来，而且"既来之，则安之"。"不患贫而患不均，不患寡而患不安"虽然呈现了平均主义倾向，我们必须给予警惕，但对于治国理政依然具有价值，它提醒我们实现公平分配、公正秩序对于一个国家的长治久安至关重要，对于今天的国际往来和国际政治新秩序的建立也具有指导意义。孔子的政治智慧表明，国内稳定、国际和平的关键不在于争夺资源而在于修德安民。

天下兼〔1〕相爱则治，交相恶则乱。

——《墨子》〔2〕

注释

〔1〕兼：兼的古文字意象是一只手同时拿着两把禾，有一同、一并的寓意。"兼爱"是墨子伦理思想的核心原则，具体而言，就是要做到"视人之国，若视其国；视人之家，若视其家；视人之身，若视其身"（《墨子·兼爱中》）。

〔2〕《墨子》初成于战国时期，由墨子的弟子及再传弟子根据墨子的著述和言行汇编而成。《墨子》一书内容丰富，涉及政治、哲学、伦理、逻辑和军事等领域，所包含的逻辑思想，成为中国逻辑思想史的开创之作。《墨子》集中阐发了墨家思想的核心要义，包括兼爱、非攻、尚贤、尚同、天志、明鬼、非命、非乐、节葬、节用等理念，深刻影响了中华民族的理想追求和精神特质。

译文

天下间相互亲爱，就能实现善治，但如果相互交恶，就会陷入动乱。

解析

"天下兼相爱则治，交相恶则乱"是墨子基于春秋战国时期人与人、家与家、国与国之间相互交恶现实而提出的政治主张。在墨子看来，之所以会出现这样的乱世危局，主要是因为天下人都自爱、自利。假使人们都能够"兼相爱，交相利"，则天下自然就治

为政以德　政者正也

理好了。

墨家的"爱"不同于儒家的"爱"，前者是一种等齐之爱，后者是一种等差之爱。儒家通过"亲亲"来扩展人们的仁爱之心，达到天下大治，而墨家则从现实出发，看到人们如果从一己之利、一家之爱出发必然会导致利益冲突，无法实现世间和平。因此墨子要求人与人之间都要相互关爱、互助互利，克服因追求不平等之爱、不平等之利而造成的社会动乱，实现国家稳定、人民富足、国与国平等的理想目标。

墨家提出，从人伦关系到国家治理都应该实现"兼爱"，试图以情感主义路线化解现实纷争，虽然极具人文关怀，却不免带有理想主义色彩。在当时的历史背景下，"交相恶"有许多复杂的原因，比如物质资源的匮乏、法律制度的缺失等。然而，墨子之相亲相爱、互惠互利的主张，对于当今的国际交往和全球治理仍有积极的促进作用。

修其教不易其俗，齐其政不易其宜。

—— 《礼记》[1]

注释

〔1〕今本《礼记》又称《小戴礼记》《小戴记》，是一部先秦至秦汉时期编纂的礼学文献选集，最初由西汉时期的戴圣所编纂。《礼记》是儒家经典书目，汉代以后日益受到重视，唐代时被尊为"经"，至宋代时位居"三礼"之首。《礼记》较为系统全面地展示了先秦儒家的礼学思想、哲学思想、伦理思想、政治思想、教育思想、美学思想，是中国古代典章制度的经验集成，也是中华礼乐文明的理论形态。

译文

修整各地人民的礼义教化而不改变他们的风俗，统一各地人民的政令刑法而不改变他们认为合宜的习尚。

解析

"修其教不易其俗，齐其政不易其宜"是中国历史上针对不同地区和少数民族的治理原则。"修教齐政，不易俗宜"体现了"为政以德"的四个重要方面。首先，"为政以德"就要将德性教化摆在一切工作的首要位置，"修其教"即"明七教以兴民德"之意，旨在使"民德归厚"。其次，"为政以德"就要建立健全惩恶扬善的保障机制，"齐其政"即"齐八政以防淫"之意，旨在防范小人的破坏。再次，"为政以德"就要坚持各地区、各民族一律平等，在

为政以德　政者正也

充分尊重差异的基础上因地制宜地展开治理。最后，"为政以德"就要坚持"和而不同"的治理理念，把构建和谐社会当作地方治理的核心目标。

　　大到出使一个国家，小到拜访一户人家，都要知晓、随顺其特有的风俗习惯，这就是"入境而问禁，入国而问俗，入门而问讳"（《礼记·曲礼上》）。中国幅员辽阔、人口众多，然而却能长久保持国家统一和民族团结，世所罕见、堪称典范。正是因为中国人向来懂得"五方之民，皆有性也，不可推移"的道理，坚持从实际出发，这就是孙希旦在《礼记集解》所说的，"居之因其材，治之随其俗，此圣人之政教，所以不强民而民乐从。"

第二篇

正道

中华文明是一个『道』的文明。『道』既是宇宙万物的基本规律，也是为人处世的具体方法，因此，政治的核心问题是选择、思考、评价道路的问题。政有对有错，道也有正有邪。正道是国家发展的根本，是对政治运行的准确把握，对治国理政、兴业安民起着决定性的作用。

在『德政』的理论和实践框架之中，一个国家之所以能够在正道上行稳致远，为政者、执政者的率先垂范、以身作则是必不可少的重要因素。

政者，正也。子帅〔1〕以正，孰〔2〕敢不正？

——《论语》

注释

〔1〕帅：同"率"，率先、率领。

〔2〕孰：谁。

译文

政道就是正道。为政者带头遵循正道，有谁还敢不依正道而行？

解析

"政者正也"是儒家德性政治的首要原则，要求为政者作为百姓的引路人，必须先正其身，然后才能正人、正物。在孔子的思想中，无论是为人还是为政，都要循正道而行。孔子对为政者的要求很高，所谓正人先正己，为政者必须率先垂范、以身作则，民众才不敢也不会偏离正道。孔子十分强调"道路"意识，他以"道路"的意象来理解人类社会的发展规律，继而把带有正确方向意义的概念确立为价值原则，以区别于带有错误方向意义的概念。

"政者正也"是古代国家治理和政治建设的宝贵经验和智慧，为当代中国治国理政提供了理论启示。方向决定道路，道路决定命运。领导干部要充分发挥"头雁"作用，带领其他同志和广大人民群众坚持正确方向，不走老路不走邪路。在推进全面依法治国、全面从严治党的进程中，领导干部必须以身作则，严要求、作表率，

为政以德 政者正也

111

坚守正道、弘扬正气，才能上下齐心、上行下效，形成良好的政治风气和社会风气。

无偏无党〔1〕，王道荡荡；无党无偏，王道平平。

——《尚书》

注释

〔1〕蔡沈注："偏，不中也。""党，不公也。"

译文

不要偏私、不要结党，王者的道路就会宽阔平坦；不要结党，不要偏私，王者的道路就会安详有序。

解析

据《史记·周本纪》和《宋微子世家》记载，周武王克殷之后，曾访问箕子，向其请教治理国家的法则，箕子遂传授给周武王"洪范九畴"，即治理国家的九种根本大法。后来的研究者多以第五畴（中畴）"皇极"为全部大法的中心，而其他各畴的目标和任务也都是为了建立"皇极"，引导天子"作民父母，以为天下王"。

"皇极"中的重要内容之一，就是"无偏无陂，遵王之义；无有作好，遵王之道；无有作恶，遵王之路；无偏无党，王道荡荡；无党无偏，王道平平；无反无侧，王道正直"。这段话以"道路"的意象为隐喻，通过对比与重复的手法，呈现出两组对立的概念群，其基本思想可以归纳为"理国要道，在于公平正直"（《贞观政要·论公平》）。

"皇极"是王道政治的早期形态，体现了王道政治的基本理念，系中国两千年来治国理政的价值依循，直到今天仍然有着重要的参考价值，不仅全面深化改革必须以促进社会公平正义、增进人民福祉为出发点和落脚点，而且维护公平正义也是中国处理国际问题的基本准则。

大道之行〔1〕也，天下为公。

——《礼记》

注释

〔1〕行：施行、实行。

译文

大道盛行的时候，天下是所有人共有的。

解析

"天下大同"自古就是中国人心目中的最高政治理想。作为绵延五千年的文明古国，中国经历过无数次的政局动荡、朝代更迭、地区冲突、文明演进，却依然形成了团结统一的中华民族共同体，自是与中国传统文化中的天下主义、大同理想密不可分。需要指出的是，"大同"不是"大一统"，而是各美其美、美人之美、美美与共的和谐社会。"天下为公"不是"天下无己"，而是小我与大我、修齐与治平、私德与公德的辩证统一。

中国人相信天地间有大道、大德，每个人都应该遵道而行、修德明义，此即是"大同"的本体论基础。"大道"具有可普遍化的特征，朱子所谓"天理流行，触处皆是"，其必然是倡导公平正义的。以道观之，"天下"不仅是一个地理概念，同时也带有"公"的伦理精神，天下是天下人的天下。"周虽旧邦，其命维新"（《诗经·大雅·文王》），站在新的历史起点上，中国愿与世界各国一道，共同构建"天下大同"的人类命运共同体。

理国要道〔1〕，在于公平正直。

——《贞观政要》〔2〕

注释

〔1〕要道：重要的、关键的道理和方法。

〔2〕《贞观政要》是唐代吴兢撰写的一部政论性史书。全书共十卷、四十篇，记述了唐太宗李世民在位期间与魏徵、王珪、房玄龄、杜如晦等一众大臣围绕治国理政问题展开的各类讨论。《贞观政要》总结了"贞观之治"的治理经验，内容广泛，涉及政治、经济、军事、文化、社会、伦理、生活等，是古代开明政治的集大成者，晚唐以后受到历代为政者的高度重视。

译文

治理国家的关键方法，在于公平和正直。

解析

公平正直是"正道"的重要内容，是为政者治国安民的通则。其公如秤，"吾心如秤，不能为人作轻重"（《诸葛亮集·杂言》）；其平如水，"主量必平，似法"（《荀子·宥坐》）；其正如敕，"其身正，不令而行"（《论语·子路》）；其直如材，"举直错诸枉，能使枉者直"（《论语·颜渊》）。

《贞观政要·公平》记述了唐太宗李世民为政"公平正直"的一些事例，反映了"公平正直"的几个主要面向。第一，用人"公平正直"。李世民登基前曾为秦王，即位后便有人上书请求将秦王府的旧兵都授予武职，李世民断然拒绝，"惟有才行是任，岂以新旧为差"？贞观初年，议者称李世民用人多以宰臣亲故，李世民则说"但能举用得才，虽是子弟及有仇嫌，不得不举"。第二，执法"公平正直"。吏部尚书长孙无忌不慎带刀入宫，有人想把罪名推到监门校尉身上。戴胄则认为，因为长孙无忌的过失，判处监门校尉死刑，未免有失公允。李世民遂免除校尉之死。第三，守礼"公平正直"。李世民钟爱长乐公主，礼遇倍于长公主。魏徵向其谏言，"情虽有殊，礼法不可相逾越"。太宗称善并采纳。"理国要道，在于公平正直"，对于实施人才强国战略、推进全面依法治国、构建文明社会都具有指导意义。

为政以德　政者正也

为政当以公平正大行之。

——《读书录》〔1〕

注释

　　〔1〕《读书录》由明代薛瑄撰写，初成时为十一卷，后又增加《续录》十二卷，共二十三卷。薛瑄受张载"心中有所开，即便札记，不思则还塞之矣"的启发，读书每有所得，当下便记录下来，经过二十多年的积累，写成了这部《读书录》。《读书录》以探讨性理之学为主，被后世程朱学派视为明代理学的重要著作。

译文

　　治国理政应当按照公平公正、正大光明的原则来进行。

解析

　　薛瑄（1389—1464）非常推崇朱子，其治学思想与程朱理学一脉相承。朱熹主张"存天理，灭人欲"，希望为政者能够依照天理行事、不被私欲所遮蔽。而"公平正大"原本也是朱熹要求为政者"政者正也"的规劝之言。南宋淳熙六年（1179），朱熹应诏上疏，"纪纲不能自立，必人主之心术公平正大，无偏党反侧之私，然后有所系而立"（《宋史·朱熹传》）。在此基础上，薛瑄则直接把"公平正大"视作治国理政的指导性原则，"为政当以公平正大行之，是非毁誉皆所不恤。必欲曲徇人情，使人人誉悦，则失公平之体，非君子之道也"。"是非毁誉"即是"浮言"，"人之多言，亦可畏矣"（《诗经·郑风·将仲子》），人言可畏；"人人誉悦"即是"虚名"，"人人道好，须防一人着恼"（《菜根谭》），最好一个人都别得罪。畏人言、防人恼，可以说是古人"处世哲学"的两大精华，然而君子为政，当刚正不阿，若处事圆滑、曲意逢迎，"则失公平之体"。需要注意的是，贯彻落实"公平正大"的为政理念，不能仅靠口头号召，吕坤《实政录》："苟有公平正大之心，宁无督率钤制之法？"必须坚持依法治国和以德治国相结合，完善权力监督制约机制。

去私者，所以立公道也，惟公然后可正天下。

——《傅子》〔1〕

注释

〔1〕《傅子》的作者是魏晋时期的傅玄（公元 217—278），该书以阐扬儒家思想为主，也涉及一部分道家思想。据《晋书·傅玄传》记载，"撰论经国九流及三史故事，评断得失，各为区例，名为《傅子》，为内、外、中篇，凡有四部、六录，合百四十首，数十万言，并文集百余卷行于世"。

译文

去除私欲的目的就是树立公道，唯有先树立公道，然后才可以匡正天下。

解析

傅子将"公道"与"正天下"结合起来理解，表面上仍是以"公私之辨"来解释"政者正也"，然而傅子这里讲"惟公然后可正天下"，无疑是把"公"放在了更基础和更重要的位置。需要注意的是，傅子的"公"有三个层次：公心、公道、公制，"有公心必有公道，有公道必有公制"（《傅子·通志》）。按照"去私者，所以立公道也，惟公然后可正天下"的逻辑排序，推理可知，"去私者"当指的是去私心，对应的是存公心；存公心是为了立公道；"正天下"可以理解为公制行于天下。

傅子认为，为政者如果能做到存公心、立公道、行公制，那么不仅没有人祸之忧，甚至连天灾都无法撼动王者之政，《汉书·食货志》记载，"尧舜有九年之水，汤有七年之旱，而国亡捐瘠者"。以天下之至公攻天下之至私，将是"百二秦关终属楚""三千越甲可吞吴"，更何况是天灾呢？

一心可以丧〔1〕邦，一心可以兴邦，只在公私之间尔。

——《二程集》

注释

〔1〕丧：衰败、衰亡。

译文

为政者之心可以使国家衰败，为政者之心也可以使国家兴盛，兴衰的关键只在于此心是公心还是私心。

解析

宋明理学非常重视儒家的"心性之学"传统。程颢提出，"'人心惟危'，人欲也。'道心惟微'，天理也"（《二程集·明道先生语一》）。究其原因，程颐认为，"大抵人有身，便有自私之理，宜其与道难一"（《二程集·二先生语三》）。程颐进一步指出，"义与利，只是箇公与私也"（《二程集·伊川先生语三》）。由此可见，二程试图把儒家的天理人欲之辨、义利之辨转换为公私之辨，号召人们秉持公理、公义、公心，弃绝私欲、私利、私心。

二程"公私之辨"在政治领域的展开，便是公心兴邦、私心丧邦。虽说"只在公私之间"，但公私之间的距离是有远近的，为政者实际上达到的层次是不同的。不假公济私、不损公肥私是最基本的政治操守；公私分明、先公后私是较高的政治觉悟；公而忘私、大公无私是最高的政治境界。

当今世界面临着百年未有之大变局，"公私之辨"的范围和内涵也发生了变化。面对全球问题和人类问题，任何一个国家都不可能独善其身。构建人类命运共同体，实现共赢共享，是当代为政者肩负的使命与应有的担当，也是世界各国"长兴不丧"的唯一选择。

为政以德 政者正也

进以正，可以正邦也。

——《易传》〔1〕

注释

〔1〕《易传》成书于战国时期。"易"有变易（变、化）、简易（执简驭繁）和不易（相对永恒不变）三义。传说周文王演易，由卦、爻两种符号重叠演成六十四卦、三百八十四爻，依据卦象推测吉凶。《易传》通过对卦象的诠释、引申，陈述了以"易"为核心的世界观、伦理观和朴素辩证法，在中国哲学史上占有重要地位，对中国文化乃至世界文化都产生了巨大的影响。

译文

遵循正道前进，就可以正国家。

解析

在中国文化中，"进"是一个充满正面价值的汉字，前进、上进、进步等词语都具有十分积极、美好的意涵。然而，如何能进？进当如何？不同的思想流派持有不同的看法。《易传》对渐卦"女归吉，利贞"的诠释提供了一种儒家的说明。首先，"渐"和"进"是紧密联系的。渐进、徐进方能进，冒进、跃进则不可取。其次，始进以正，方能累功，"以正道而进，可以正邦国，至于天下也。凡进于事、进于德、进于位，莫不皆当以正也"（《周易程氏传·渐》）。反过来说，不渐则不进，不正则不进。

"以渐而进""进以正"体现了"德"的原本意义。"德，升也，从彳，惪声"（《说文解字》）。"德，升也"，"升"同"登"，德本来就有向上攀登、上进的意思，"用力徙前曰德"（《说文解字注》）；"德，从彳"，"彳"乃"小步也"，德的前进过程不是奔跑或跳跃，而是一步一个脚印地渐进；"德，惪声"，"惪"从直从心，"德"要求人们内心正直、步履坚定。如此言说，德就是教人"以渐而进""进以正"。

《易传》以"进以正，可以正邦也"来诠释"贞"，以"进得位，往有功也"来诠释"利"，又体现了"德者，得也"的认知模式。遵循正道前进，德者也；得位、有功、正邦，得也。

义者，正也。

——《墨子》

译文

义就是正。

解析

"正"是一个诸子百家普遍关注的、与国家治理相关的重要概念。然而，"正"的具体内涵是什么，又是一个众说纷纭的问题。墨子认为"义者，正也"，义就是正。此说当然与他的"贵义"①主张是联系在一起的。但确切来讲，墨子仍是从国家治乱的角度出发，反推出这一论断的，"何以知义之为正也？天下有义则治，无义则乱，我以此知义之为正也"。墨子接着说，"然而正者，无自下正上者，必自上正下"。这与后来《孝经·谏诤》中提倡的上不义则下争之不同，墨子否定了下位者正上位者的可能性。然而，墨子的主张并非是要消极地顺从上位者的统治，反而是为了限制权力。"今天下之士君子，皆明于天子之正天下也，而不明于天之正天子也"，墨子按照上下之序，设计出了天、天子、天下的三层结构，天处于最上位，为"自上正下"提供了根本保障。

为政者既要顺从天意，那么天意何为呢？"顺天之意者，兼也"，以兼为道，就是"义正"，即所谓"义者，正也"。具体来说，就是大不攻小、强不侮弱、众不贼寡、诈不欺愚、贵不傲贱、

---

① 参见《墨子·贵义》："万事莫贵于义。"

富不骄贫、壮不夺老，"是以天下之庶国，莫以水火毒药兵刃以相害也"。

尚贤者，政之本也。

——《墨子》

┃译文┃

崇尚贤能，是为政的根本。

┃解析┃

墨子从社会下层的立场出发去看待政治问题①，因此，他所架设的理想政治模型比较符合现代观念中的公平正义。"尚贤者，政之本也"就是对"政者正也"的一种有益补充。孔、墨之道都讲"尚贤"，但二者的观察视角有所不同。孔子主要弘扬尚贤的自上而下积极作用，"舜有臣五人而天下治"（《论语·泰伯》）；墨子则关注很多不尚贤的现象及其消极后果，"使治官府则盗窃，守城则倍畔，君有难则不死，出亡则不从，使断狱则不中，分财则不均，与谋事不得，举事不成，入守不固，出诛不强"，最终会"失措其国家，倾覆其社稷"。

"尚贤"即崇尚贤能的意思。墨子之所以认为"尚贤"是"政之本也"，关键还在于其背后承载的正道、公道。首先，"尚贤"意味着机会公平，"以德就列，以官服事，以劳殿赏，量功而分禄"；其次"尚贤"意味着阶层流动，"故官无常贵，而民无终贱，有能则举之，无能则下之"；最后，"尚贤"意味着结果公正，"使天下之为善者劝，为暴者沮""举公义，辟私怨"。墨子"尚贤，政之本

---

① 墨子创立的墨家学派主要代表小生产者的利益和政治主张。

也"的治理思想，强调人才对于国家发展的重要性，体现了公平正义在治国理政中的基础性地位，为现代国家的长效治理提供了理论借鉴。

爱人者不阿，憎人者不害，爱恶各以其正，治之至也。

——《商君书》〔1〕

注释

〔1〕《商君书》又称《商子》，是战国时期商鞅（公元前395？—338）及其后学的著作汇编。《商君书》着力阐述了"商鞅变法"的理论基础和具体措施，是法家学派的代表作之一。

译文

对喜爱的人不阿意奉承，对憎恨的人不加害，无论是喜欢还是厌恶都能客观公正地对待，这就是治国理政的极致了。

解析

"任贤"一直是中国古代关于国家治理问题的共识，但《商君书·慎法》却指出，"任贤"理念往往无法得到有效的落实。一个人是不是贤人，关键要看他有没有"正"的品质，然而一个人的品质又如何得知呢？居上位的为政者对一个不相熟之人是否贤良的判定，很大程度上会受到身边人对其评价的影响。如此一来，难免容易滋生朋党问题，同党之人就"美言几句"，异党之人就"恶语相向"，"任贤"便无从谈起了。长此以往，人人都以奉承、攀附为晋升法门，把精力都用在找靠山、攀高枝、拉关系、走后门上，谁还会踏踏实实地做一些有益于治理的实事呢？

要想杜绝这种政治乱象，使"任贤"真正落到实处，关键是要建立健全科学的人才考评机制和任用制度，不轻信人言，彻底根除

"贵之不待其有功，诛之不待其有罪"的政治陋习。长此以往，人们都认识到"相誉无益""訾言无损"，便能实现"爱人者不阿，憎人者不害，爱恶各得其正"的治理境界了。

举直错诸枉，则民服；举枉错诸直，则民不服。

——《论语》

│译文│

　　提拔正直的人，废置奸邪的人，民众就会信服。提拔奸邪的人，废置正直的人，民众则会不服。

│解析│

　　"直"与"枉"是儒家思想中关于德的一种隐喻。正直之人即是有德之人，枉曲之人即是无德之人。"举直错诸枉""举枉错诸直"实际上说的是为政者的用人原则和用人态度，目的是敦促为政者"亲贤臣，远小人"（《出师表》）。鲁哀公问孔子："何为则民服？"鲁哀公所理解的"民服"，可能只是让民众顺服、畏服、慑服；而孔子回答的"举直错诸枉，则民服；举枉错诸直，则民不服"，则是让民众心服、信服、悦服，乃是一种儒家式的解答。

　　在儒家看来，要想做到"举直错诸枉"有两个重要的前提条件。第一是"直己"，即正人先正己，"枉己者，未有能直人者也"（《孟子·滕文公下》）。第二是"知人"，《论语·颜渊》中，孔子以"举直错诸枉，能使枉者直"来解释"知人"，子夏接着举例说明："舜有天下，选于众，举皋陶，不仁者远矣。汤有天下，选于众，举伊尹，不仁者远矣"。

　　《论语·为政》中，孔子没有对"民服"背后的逻辑详加说明。其实，"民服"的道理无非就是"民之所好好之，民之所恶恶之"（《大学》），朱熹《论语集注》引谢上蔡①说："好直而恶枉，天下之至情也。顺之则服，逆之则去，必然之理也。"

---

① 谢良佐（1050—1103），人称上蔡先生或谢上蔡，师从二程，与游酢、吕大临、杨时合称"程门四先生"，在程朱理学的发展史上起到了承上启下的作用。谢良佐创立了上蔡学派，同时对湖湘学派以及心学一脉影响深远。

名不正则言不顺，言不顺则事不成〔1〕。

——《论语》

注释

〔1〕孔子正名思想的主旨是维护良好的社会秩序，因此是一种政治主张。参见《论语·子路》："事不成，则礼乐不兴；礼乐不兴，则刑罚不中；刑罚不中，则民无所措手足。"

译文

名称和概念的内涵不准确，语言就不能顺利地传达意义；语言不能顺利地传达意义，什么事情都办不成。

解析

子路问孔子："如果卫国国君有意等先生来主政，您准备先从什么地方开始治理呢？"孔子回答："必然要先从正名开始吧？"孔子这里讲的"正名"，主要是正名实，而更为儒家化的正名位、正名分则包含在正名实之中。所以子路的反应才会很诧异，名还要怎么正？孔子继续说，"名不正则言不顺，言不顺则事不成"。事情办不成，礼乐教化就不能兴起；礼乐教化不能兴起，刑罚就不能客观中立；刑罚不能客观中立，老百姓就会手足无措、不知道该如何是好了。例如，大家都讲"孝敬父母"，但却对什么是"孝"、什么是"敬"以及"父母"没有统一的规定，人们仍然不知道该怎么做才是"孝敬父母"。再如，法律上讲"情节严重者"，什么样的情节才算严重呢？仍然需要一个客观的标准。

孔子意识到了正名实的重要性，把正名实与国家治乱逻辑地关联起来，被后来的荀子所继承。荀子在《正名》中指出，"今圣王没，名守慢，奇辞起，名实乱，是非之形不明，则虽守法之吏，诵数之儒，亦皆乱也"，"今圣王没，天下乱，奸言起，君子无势以临之，无刑以禁之，故辨说也"。孔子以"君子于其言，无所苟而已矣"结尾，荀子以"无稽之言，不见之行，不闻之谋，君子慎之"结尾。可见，孔、荀关于"正名"的理路是一致的。

仁则万事出于正，不仁则万事出于不正〔1〕。

——《读书录》

注释

〔1〕参见《论语·子路》："名不正，则言不顺；言不顺，则事不成；事不成，则礼乐不兴；礼乐不兴，则刑罚不中；刑罚不中，则民无所措手足。"

译文

心怀仁义，所有的事情都能出于正；心中无仁，所有的事情就都出于不正。

解析

子贡曾感慨，"夫子之言性与天道，不可得而闻也"（《论语·公冶长》）。"性与天道"的知识发轫于上古时期，带有一定的神秘主义色彩。然而，作为正当性的终极根源，"性与天道"在中国早期思想史上占据了支配性的地位。孔子的创造性贡献在于，他以"与命与仁"替代了"性与天道"，"子罕言利，与命与仁"（《论语·子罕》），完成了中国哲学研究的范式转换。据孔子本人说，他"五十而知天命"（《论语·为政》），可见，"知天命"在孔子的思想体系中仍属于比较高远的境界，孔子更为看重的应当还是"仁"，"仁远乎哉？我欲仁，斯仁至矣"（《论语·述而》）。陈淳在《北溪字义》中指出，"孔门教人，求仁为大。只专言仁，以仁含万善，能仁则万善在其中矣"。正因如此，薛瑄才会说，"圣人惟言求仁。仁则万事出于正，不仁则万事出于不正"。薛瑄此说，一方面凸显了"仁"是儒家学说的核心话语；另一方面则将"仁"与"正"联系起来，强调"仁"是一切正当性的总依据，可以说是对儒家主张的精准概说，为我们立身处世提供了行动指南。

为政以德　政者正也

人视水见形，视民知治不〔1〕。

——《史记》〔2〕

注释

〔1〕不（fǒu）：同"否"。

〔2〕《史记》成书于西汉时期，由太史令司马迁撰写。《史记》是中国历史上第一部纪传体通史，记载了从五帝时代到汉武帝太初四年共3000多年的历史，全书包括十二本纪、三十世家、七十列传、十表、八书，规模宏大、体例完备。《史记》首创纪传体编史方法，为后世史学研究提供了范本、奠定了基础，《史记》同时也具有极高的文学价值，被鲁迅誉为"史家之绝唱，无韵之离骚"。

译文

人可以通过观测水面来照见自己的形体，可以通过视察民情来知晓治理的成效。

解析

"人视水见形"强调的是水的反射作用，即水在功能上可以充当镜。所以，虽然此处以水举例，本质仍是以镜作喻。同样，人民群众也是一面能够照见政治得失的镜子。以镜喻民是中国德性政治中的经典比喻，这一则或是其最早的形式。另外，镜和鉴一般是不做区分的，"殷鉴不远，在夏后之世"（《诗经·大雅·荡》）。

人有目视能力，可以远观和近看，却不能看见自己的全貌，因而只好借助其他事物来反观自身。对于君子修身和为政者治国理政而言，不仅是"可以"、并且是"必须"借由他者来强化认识、反思平衡。

需要注意的是，作为自我认知的媒介，必须尽可能客观、公正、真实、完整的呈现出当前的状况。"人莫鉴于流水而鉴于止水"（《庄子·德充符》），流水是无法完成"见形"的，只有止水才可以充当镜。因此，要想达到"见"和"知"的目的，水则平静、民则居常。中国古代历来就有皇帝、官员"微服私访"的佳话，为政者想要"视民知治不"，就要了解老百姓的日常生活和真实想法。

士之好德乐善而无求，则爵赏有不足以劝焉，而爵赏固不废乎无求之士。

—— 《临川集》〔1〕

注释

〔1〕《临川集》是北宋王安石的诗文别集，被《四库全书》收录。王安石（1021—1086），字介甫，号半山，"唐宋八大家"之一，"荆公新学"的开创者。

译文

一位志士如果以德为好、以善为乐而别无所求，那么爵禄和赏赐都不足以鼓动他，然而爵禄和赏赐也必定不会忽略他。

解析

在王安石看来，纵然是做同样的事情，动机不一样，性质就不一样。如果"士"勤于政务的目的是升官发财，那么他相比于那些只是为了追求道义的士来说，境界便低了很多。两者的差别在于，爵禄和赏赐对他们的作用力是不同的。对前者而言，"香饵之下，必有悬鱼"（《黄石公三略》），他们的行为会随着预期利益的大小而不断调整；对后者而言，他们只做应该做的事情，并不受利害得失的影响，套用《庄子·逍遥游》的话就是爵赏与之而不加劝，爵赏废之而不加沮。苏东坡在《刑赏忠厚之至论》中也指出，"赏之以爵禄，是赏之道行于爵禄之所加，而不行于爵禄之所不加也"。"赏之道"只对求赏之士起作用，对无求之士不起作用，所以治理国家不能过度依赖爵赏的力量，而应该重视德善的力量。

王安石接着话锋一转，"而爵赏固不废乎无求之士"。一心好德乐善别无所求的人，他不争不抢，难道就真的不给予他任何的爵赏了吗？王安石提醒我们，奖励先进虽不足以劝人上进，但决不可以废弃，这样才能实现公道。

上必明正道以道民，民道之而有功，然后取其什一〔1〕，故上用足而下不匮也，是以上下和亲而不相怨也。

——《礼记》

注释

〔1〕什一：十分之一，这里指"十一而税"的赋税制度。参见《尚书·大传》："王者十一而税，而颂声作矣。"

译文

居上的为政者必须彰明正道来领导民众，民众依从正确的教导就能取得成功和收获，然后国家从中抽取一小部分赋税，这样，政府的用度充足而民众也不匮乏，故而能够上下和睦相亲而不相怨。

解析

中国古代的"燕礼"是上下级之间宴饮时的礼仪规范。"燕礼"的中心思想是"礼无不答"，也即"礼尚往来"（《礼记·曲礼上》）。由于居上的为政者往往更难做到"礼贤下士"，所以"燕礼"的主要功能和价值是提醒上位的为政者要时刻注意向民众回礼。"燕礼者，所以明君臣之义也"，在普遍强调"君为臣纲"的古代社会，"燕礼"无疑是对儒家礼义原则的一项重要补充。

"上必明正道以道民"仍是儒家"政者正也"的主张，然而《礼记·燕义》的这段材料，重点在于"政者正也"之后的事情。"政者正也"，民众依正道而行就能"有功"，然后国家在合理的限度内从中抽取利润，并且"上之不虚取于下"，还应视其功劳大小报之以相应的爵禄，进而就能"上用足而下不匮""上下和亲而不相怨"，此即是"上下同欲者胜"（《孙子·谋攻》）的路径和基础。"上下相交"之道对为政者治国理政很有启发性，民众有功是上用的来源，为政者"礼无不答"，不能多取、虚取，一句话就是取之于民、用之于民。另外，《礼记·燕义》通过对"政者正也"接下来的设想，揭示了国家强大和人民幸福之间的辩证统一关系。

上为之，下效之。

—— 《白虎通义》〔1〕

注释

〔1〕《白虎通义》又称《白虎通》，由汉代班固等人根据建初四年（79）的经学辩论编写而成，因辩论地点位于白虎观，故名《白虎通义》。《白虎通义》旨在明确《五经》同异、统一今文经义，系两汉今文经学的集大成之作，再加上《白虎通义》由皇帝直接钦定，具有官方的权威性，对后世的政治、伦理思想以及民众日常生活产生了深远的影响。

译文

上面的人如何作为，下面的人就如何效仿。

解析

从广义上讲，"上为之，下效之"中的"上"和"下"泛指在身份、地位、力量上的"强势"一方和"弱势"一方。但在中国传统文化中，"上"和"下"常用于政治话语。孔子较早地指出了政治领域中的"上行下效"现象，"其身正，不令而行；其身不正，虽令不从"（《论语·子路》），"下之事上也，不从其所令，从其所行。上好是物，下必有甚者矣"（《礼记·缁衣》）。《白虎通·三教》中提出了"教者效也"的重大命题，认为"民有质朴，不教不成"，因此，为政者修德明义以教化百姓，既是提高治理能力的必然要求，也是不容推卸的政治责任。

"上行下效"是政治生活中的普遍现象，其影响力不可小觑，如《旧唐书·贾曾传》中所说："上行下效，淫俗将成；败国乱人，实由兹起。"古往今来，有太多的历史事件为此做了注脚。《说苑·君道》记载，齐景公宴请群臣，乘兴搭弓，却射出靶外，然而文武百官无不为齐景公叫好。齐景公感到非常愤怒，弦章帮他分析原因时指出，"君好之，则臣服之；君嗜之，则臣食之"，所以大臣们之所以"盲目"拍手叫好，想必还是因为君上好听谄媚之言的缘故。《韩非子·外储说左上》还记载了著名的"邹缨齐紫"[1]。上行下效至于此，为政者不可不慎。

---

① "邹缨齐紫"的典故参见《韩非子·外储说左上》："邹君好服长缨，左右皆服长缨，缨甚贵。""齐桓公好服紫，一国尽服紫。当是时也，五素不得一紫。"

上者，民之表也，表正则何物不正。

——《孔子家语》〔1〕

┃注释┃

〔1〕《孔子家语》又名《孔氏家语》《家语》，是一部记录孔子及孔门弟子言行的著作，魏晋时期王肃为之注。近些年的考古发现说明，《孔子家语》确系"孟前儒学"的作品，因此，其对于研究早期儒学的特征与演变具有极为重要的价值。

┃译文┃

居上位的人，是民众的表率。表率正，还有什么不正呢？

┃解析┃

何谓"表"？王聘珍解："表，标准也，识正物之行列者也。"孔广森注："表，建木以测影者。影随表移，民随君化。""表正则何物不正"与"子帅以正，孰敢不正"（《论语·颜渊》）几乎是同义语，都是对儒家政治哲学中"政者正也"的进一步表达。

一般认为，"政"是政治话语，"正"是伦理话语，"政者正也"体现了儒家政治哲学与儒家伦理学的紧密联系。在《孔子家语·王言解》中，这种联系再次得到了确证，其中，政治与教化是密不可分的，甚至可以合称为"政教"。具体来说，"七教者，治民之本也，教定是正矣"。《王言解》对"正"的含义做了更细致的说明，或可说：政者正也，教定是正矣。"教"即"七教"，其内容主要是德教，"上敬老则下益孝，上顺齿则下益悌，上乐施则下益谅，上亲贤则下择友，上好德则下不隐，上恶贪则下耻争，上强果则下廉耻"。

上老老而民兴孝，上长长而民兴弟，上恤孤而民不倍〔1〕。

——《大学》

注释

〔1〕倍：同"背"，背弃、背离。

译文

居上位者孝敬老人，百姓就会兴起孝心。居上位者尊重长辈，百姓就会兴起悌心。居上位者体恤孤幼，百姓就会兴起慈心而不会背弃弱小。

解析

"上行下效"是古人观察国家治理过程、思考治国理政问题时发现的一种常见心理效应。"上老老而民兴孝，上长长而民兴弟，上恤孤而民不倍"的核心要旨仍然是"上行下效"，而《大学》的特殊贡献在于，对支撑"上行下效"所以成立的逻辑原理进行了探讨。根据《大学》的内容，之所以"上行下效"，是因为"君子有絜矩之道也"。"絜矩之道"可以说是对儒门之学的高度概括，即以情絜情、将心比心的"推己及人之道"。戴震称，"以我之情絜人之情，而无不得其平是也"（《孟子字义疏证·理》）。之所以情可絜、心可比、己可推、人可及，"是民之感化如此，可见天下人人心都一般"（《朱子语类·大学五》）。常言道，"人心都是肉长的"，人同此心、心同此理，在上位的为政者与老百姓的性情是互通的。认为老百姓应该做到的，自己就应该先做到；如果连自己都做不到，就不要再试图让老百姓去做了，所以朱熹说，"絜矩是四面均平底道理"（《朱子语类·大学三》）。

君仁莫不仁，君义莫不义。

——《孟子》

┃译文┃

位高者仁，就没有人会不仁；位高者义，就没有人敢不义。

┃解析┃

"仁""义"是儒家伦理的核心价值，孟子在这里劝导位高权重的为政者必须格外注意要"由仁义行"。"君者，一国所瞻仰以为法，故必从之"（《孟子正义·卷十六》），所以"君仁莫不仁，君义莫不义"。孟子的这一主张实际上有两方面的要求：一方面要求位高者"自格其心"，另一方面要求位高者身边的人"格君心之非"。孟子提倡"王道"，反对"霸道"，认为春秋五霸都是"三王之罪人也"（《孟子·告子下》），辅佐齐桓公霸天下的管仲向来也为孟子所看低。而管仲恰恰是一个"君淫亦淫，君奢亦奢"（《列子·杨朱》）的人物，"王霸之辨"于此亦可见一斑。

儒家的为政理念总体上是"自上而下"的，能够着眼于政治事务中的"主要矛盾"和"关键少数"。位高者尚仁义、行王道，自然更容易实现国家太平和人民安定。然而凡事都有两面性，"楚王好细腰，宫中多饿死"[1]"上梁不正下梁歪"的政治乱象，不能仅仅

---

[1] "楚王好细腰，宫中多饿死"的典故参见《晏子春秋·外篇》："越王好勇，其民轻死。楚灵王好细腰，其朝多饿死人。"以及《墨子·兼爱中》："昔者楚灵王好士细腰，故灵王之臣皆以一饭为节，胁息然后带，扶墙然后起。比期年，朝有黧黑之色。"

依靠居上者的自我修养或是旁人的口头劝谏来避免。无论是国家治理还是全球治理，完善监督体系，形成监督合力，建立系统化、全方位的监督体制机制，正是治理能力现代化的必然要求。

正心以正朝廷，正朝廷以正百官。正百官以正万民，正万民以正四方〔1〕。

——《汉书》

注释

〔1〕四方：指东、南、西、北四个方向，这里的意思等同于"天下"。

译文

为政者先正其心然后得以正朝廷，正朝廷然后得以正百官，正百官然后得以正万民，正万民然后得以正四方。

解析

孔子首先提出了"政者正也"的政治哲学命题，董仲舒则将其进一步阐释为"正心""正朝廷""正百官""正万民""正四方"的逻辑路径，与"修齐治平"（《礼记·大学》）类似，从"正心"到"正四方"，抑或从"修身"到"平天下"，本质上都体现了儒家"内圣外王"的德性政治。

"正心"是董仲舒释"正"的逻辑起点，也是为政之本。"物有本末，事有终始，知所先后，则近道矣"（《礼记·大学》）。正心作为为政之本，为后人所采纳。然而，世事也可能存在逆取而顺守的情况，如果先以权术取之，再以正心守之，该当如何？对此，李纲的回答非常坚定，"始正而终邪者有矣，未有始邪而终正者也"（《全宋文·李纲七九》）。钟同也指出，"苟舍此而他适，正犹倒植而求茂也"（《吉安府志·直言安国疏》）。一句话，为政者一定要先正其心、不忘初心，才能具有使命感和政治情怀。

仁之法，在爱人，不在爱我；义之法，在正我，不在正人。

——《春秋繁露》

┃译文┃

仁的法则，在于爱他人，而不在于爱自己；义的法则，在于端正自己，而不在于端正他人。

┃解析┃

仁与义是儒家伦理学中最基础也是最重要的两种德性，经常连用为"仁义"。然而，董仲舒却在《春秋繁露·仁义法》中给我们带来了一场精彩的"仁义之辨"。"仁义之辨"的核心是"人我之辨"①，"仁之法，在爱人，不在爱我；义之法，在正我，不在正人"。现实生活中，很多人往往把仁与义的规则搞反了，不是仁以爱人、义以正我，而是仁以爱我、义以正人。董仲舒指出，"我不自正，虽能正人，弗予为义。人不被其爱，虽厚自爱，不予为仁"。

按照董仲舒的区分，"仁义之辨"实际上指向了"躬自厚而薄责于人"（《论语·卫灵公》）。《论语·子路》记载了一则孔子与冉有在卫国的对话，孔子感叹卫国人口众多，冉有便问孔子："既庶矣，又何加焉？"孔子回答："富之。"冉有接着问："既富矣，又何加焉？"孔子回答："教之。"可是，孔子却同樊迟讲，"仁者，先难而后获，可谓仁矣"（《论语·雍也》）。安人则"先富后教"，修己

---

① 参见《春秋繁露·仁义法》："《春秋》之所治，人与我也。所以治人与我者，仁与义也。"

则"先难后获"，与董仲舒"仁义之辨"的要旨是相通的。《诗经·小雅·绵蛮》"饮之食之，教之诲之"和《诗经·魏风·伐檀》"彼君子兮，不素食兮"，它们之间也呈现出一种鲜明的对比。

凡正人之道，既富之然后善。

——《临川集》

┃译文┃

　　凡是正人的方法，都是先使人富足然后再使人向善。

┃解析┃

　　王安石不仅是名列"唐宋八大家"① 之一的文坛巨匠，而且是执掌权柄的当朝宰相。因此，正如他"凡正人之道，既富之然后善"的为政主张，王安石的政治哲学往往兼具了人文理想与现实关怀。

　　"凡正人之道，既富之然后善"，是王安石对《尚书·洪范》中"凡厥正人，既富方穀"的一种阐释，他说"为政于天下者，在乎富之善之"，也就是说，"为政之道"即"正人之道"。王安石认为"富"是"善"的物质基础，但即便如此，"富"却并不必然会推出"善"，"徒富之亦不能善也"。接着，王安石提出了一则很有创见的从善之方：为政者应该首先把自己的家庭经营好。王安石此处想要表达的，不仅是说治家是治国的基础，更为紧要的是，对于为政者而言，公共领域与私人领域是相互贯通的。

　　现代社会的一大标识就是公共空间与私人空间泾渭分明，官僚制度呈现出技术化、理性化和非人格化的科层特征。这也就意味着，家庭作为私人生活领域与公共生活领域的治理应该是无涉的。

---

① 唐宋八大家：唐宋时期八位著名散文大家的合称，即唐代的韩愈、柳宗元和宋代的欧阳修、苏洵、苏轼、苏辙、王安石、曾巩。他们先后掀起古文革新浪潮，对中国古诗文的发展具有里程碑式的重要意义。

故而，王安石提出的"善之必自吾家人始"以及"治家不善，不足以正人"能否作为政治生活和伦理生活中的铁律，仍是有待探讨的问题。

求木之长者，必固其根本；欲流之远者，必浚〔1〕其泉源；思国之安者，必积其德义。

——《谏太宗十思疏》〔2〕

注释

〔1〕浚（jùn）：疏通、深挖。

〔2〕《谏太宗十思疏》是魏徵于贞观十一年（637）写给唐太宗李世民的奏疏。奏疏围绕"十思"即十个值得深思的问题展开论述，意在提醒唐太宗为政以德、戒奢以俭、善始善终。《谏太宗十思疏》全文条理清晰、直指要害，说理性很强，堪称古代奏疏典范，《旧唐书》评价其"可为万代王者法"。

译文

想要树木生长，必须稳固它的根本。想要水流长远，必须疏通它的源头。想要国家安定，必须厚积它的德义。

解析

魏徵向来以好谏、直谏、敢谏著称，而这篇奏疏又显示出他非常之善谏。魏徵一开始以木、水作喻，然后用排比的方式引出他对治国理政的看法。在给出谏言之前先做铺垫，再通过工整的对仗加强论点，随后又正话反说紧扣主题，体现了魏徵高超的行文能力。

魏徵《谏太宗十思疏》的核心观点，是劝谏唐太宗要"积德义"，"思国之安者，必积其德义"。这篇奏疏的写作时间是贞观十一年，当时唐太宗治理国家已初见成效，经济繁荣，百姓安居乐业，一派和谐光景。然而魏徵却觉察到了盛世之下的隐忧，期望唐太宗能够"居安思危，戒奢以俭"，将帝国的繁荣延续下去。

具体来说，魏徵向唐太宗提出了"十思"，也即"九德"："见可欲则思知足以自戒；将有作则思知止以安人；念高危则思谦冲而自牧；惧满溢则思江海下百川；乐盘游则思三驱以为度；忧懈怠则思慎慎始而敬终；虑壅蔽则思虚心以纳下，想谗邪则思正身以黜恶，恩所加则思无因喜以谬赏，罚所及则思无以怒而烂刑。"质言之，魏徵的"积德义""十思""九德"皆是针对为政者"修身""正己"而发。"政者正也"，为政者修身正己立德，就能实现"鸣琴垂拱，不言而化"。

> 凡下之从上也，不从口之言，从上之所好也；不从力之制，从上之所为也。

——《白居易集》〔1〕

注释

〔1〕《白居易集》是唐代白居易的著作集成。白居易（772—846），字乐天，号香山居士，又号醉吟先生。白居易是唐代著名诗人，"新乐府运动"的倡导者，在《与元九书》中提出了"文章合为时而著，歌诗合为事而作"的文学口号。白居易在世时，他的诗集就已经流传到了朝鲜和日本，是一位享誉世界的诗文大家。

译文

但凡是下位者依从上位者的情况，不依从上位者的言语驱使，而依从上位者的喜好；不依从上位者的强力号令，而依从上位者的行动。

解析

白居易的这篇文章，围绕政令展开，着力探讨了政令的重要性以及有效性问题。在白居易看来，人心、人性是复杂的，人与人之间常常无法互相理解，所谓"人心之不同，如其面焉"（《左传·襄公三十一年》）。政令之所以如此重要，就在于其可以把千人千面、万人万心的无序状态统一起来。如果任由人心各异的局面发展下去，最终会导致整个社会陷入混乱。同时，为政者颁行政令必须格外慎重，因为政令一旦发出，便会以迅雷不及掩耳之势，从百官传到万民、从国内传到国外，并且会如"涣汗"一般，有出而无回。

　　然而，政令发出后却达不到民心齐一的效果，又是何缘故呢？大体上有两方面的原因：第一，政令在执行过程中，得不到很好的贯彻落实，例如，朝令夕改、有始无终、近张远弛、贱急贵宽、疏行亲废。第二，为政者不能率先垂范、以身作则，"凡下之从上也，不从口之言，从上之所好也；不从力之制，从上之所为也"。

　　白居易关于政令的一系列论述，对今天的治国理政很有启发性。首先，政府颁行政令，制定路线、方针、政策是齐风俗、一民心的重要方式。其次，政令一出，覆水难收，不可不慎。最后，要想确保政令行之有效，既要抓落实，又要上行下效。

为政以德　政者正也

凡奸人之所以起者，以〔1〕上之不贵义、不敬义也。

——《荀子》

注释

〔1〕以：表示原因，相当于"因为"。

译文

凡是奸邪之人能够兴起的情况，都是因为上位者不重视义、不尊崇义的缘故。

解析

"凡奸人之所以起者，以上之不贵义、不敬义也"，杨倞注："上行下效。"荀子主张性恶论，"人之性恶，其善者伪也"（《荀子·性恶》），所以荀子的学说不同于一些对人性之美好怀有热切之期望的儒门弟子。荀子认为善的本质是节制人性，体现了"底线伦理"的思维品质，他所推重的礼义主要就是一种节制的德性，"内外上下节者，义之情也"。故而，荀子设想的"上行下效"的理想效果，也只是防止人们做坏事，"夫义者，所以限禁人之为恶与奸者也"。在荀子看来，治理天下的关键，就在于以义为根本；其次就是信用，"古者禹、汤本义务信而天下治，桀、纣弃义背信而天下乱"。关于三代之际权力更迭的主要原因，历来有天、命、道、德等说法，但韩愈却透辟地指出，"仁与义为定名，道与德为虚位"（《原道》），表达出进一步澄清道与德、也即治乱兴衰之原因的诉求。荀子此处不以道、德论之，甚至没有提到仁，而是把义与信看作国家治理的基本准则，可以说为儒学中的为政以德、政者正也提供了一种更具现实主义精神和可操作性的解释路径。

禁者，先禁其身而后人。

——《申鉴》〔1〕

注释

〔1〕《申鉴》成书于东汉末年，是荀悦（148—209）撰写的一部政治哲学著作。荀悦的志向是辅佐献帝、匡扶汉室，但曹操总揽朝政以后，荀悦的才学无处可用，于是作《申鉴》五篇，内容包括《政体》《时事》《俗嫌》《杂言上》《杂言下》，提出"故凡政之大经，法、教而已"，集中体现了他的政治主张。

译文

善于用禁令治理社会的为政者，首先遵从禁令约束自身，然后才去要求别人。

解析

"善禁者，先禁其身而后人"与"其身正，不令而行；其身不正，虽令不从"（《论语·子路》）的核心要旨是一致的。管子认为，"令则行，禁则止"是"政之所期也"（《管子·立政》）。"令行禁止"的关键，在儒家看来就是为政者要做到正人先正己。在中国历史上，"善禁"的为政者通常拥有强大的治国理政能力，例如开创"贞观之治"的唐太宗，他就曾提出，"若安天下，必须先正其身，未有身正而影曲，上理而下乱者"（《贞观政要·君道》）。

在全球治理中，很多"公约""协定"本身并不具备法律效力，要避免公约、协定变成一纸空文，发达国家带头遵守十分重要。超级大国率先违反、甚至退出协议，势必影响其他国家对于协议的尊重和履行，全球治理能力也将难以提高。

以正辅人谓之忠，以邪导人谓之佞〔1〕。

——《盐铁论》〔2〕

注释

〔1〕佞：巧言谄媚之人。

〔2〕《盐铁论》成书于西汉时期，由桓宽根据当时的"盐铁会议"记录、编撰而成。《盐铁论》记述了会议的主要经过及辩论双方的核心观点，以对话的形式较为集中地展示了汉昭帝时期关于国营垄断与自由经济的大讨论。《盐铁论》中的论争多从实际出发，针砭时弊；语言简洁流畅，平实质朴，是研究中国经济思想史的重要史料。

译文

以正道去帮助别人，这就是忠。以邪道去引导别人，这就是佞。

解析

"政者正也。子帅以正，孰敢不正"（《论语·颜渊》），"政者正也"在《论语》中的出场是以为政者、上位者为中心的，并且以"上行下效"为运行机制。但这并不意味着"政者正也"的意义和内涵仅限于"上"。《孝经·谏诤》记载，曾子问孔子："子从父之令，可谓孝矣？"这个问题也可以转化为"臣从君之令，可谓忠矣？"孔子回答："昔者，天子有争臣七人，虽无道，不失其天下；诸侯有争臣五人，虽无道，不失其国；大夫有争臣三人，虽无道，不失其家；士有争友，则身不离于令名；父有争子，则身不陷于不义。故当不义则争之。从父之令，又焉得为孝乎?"要使国家治理迈向正轨，不能只凭"上行下效"；上不义则下争之、上枉曲则下正之，同样发挥着十分重要的作用。所以说，"以正辅人谓之忠，以邪导人谓之佞"。

在这一层面上来讲，"政者正也"既要求上位者"子帅以正"，又要求下位者"以正辅人"。实际上，"上行下效"是一种普遍现象，并不必然导致正面的结果，"上枉下曲，上乱下逆"(《便宜十六策·君臣》)的情况也大量存在，仍需要具体问题具体分析。

求治之道，莫先于正风俗。

——《明史》〔1〕

注释

〔1〕《明史》是"二十四史"之一，也是"二十四史"的最后一部，共三百三十二卷，其中本纪二十四卷、志七十五卷、列传二百二十卷、表十三卷。《明史》是一部纪传体断代史著作，记载了自明太祖朱元璋洪武元年（1368）至明思宗朱由检崇祯十七年（1644）二百七十六年的历史。《明史》经众人之手、历数十年乃成，虽详细近于烦冗，仍不失为五代以来编纂水平较高的官修正史。

译文

追求治理好国家的方法，没有比正风俗更优先的了。

解析

"正风俗"就是端正社会风气，可以进一步分为端正政治生态和端正民间风尚习俗。"正风俗"是"政者正也"的重要内容。苏辙在《论台谏封事留中不行状》中同样认为，"帝王之治，必先正风俗。风俗既正，中人以下皆自勉以为善；风俗一败，中人以上皆自弃而为恶"。

洪武九年（1376），叶伯巨上书朱元璋，提出了"求治之道，莫先于正风俗"的主张。"正风俗"之所以在国家治理中属于优先事项，一则是由于其强大的治理功能，宋朝重视"正风俗"以致"忠臣义士视死如归"，元朝轻视"正风俗"以致"弃城降敌者不可胜数"；二则是由于其漫长的培养周期，"如有王者，必世①而后仁"（《论语·子路》）。风俗如何能正？"古郡守县令，以正率下，以善导民，使化成俗美"，所以说，正风俗之道，"莫先于朝廷知所尚"。叶伯巨指出，国家层面的价值目标会直接体现在教育环节。具体来讲，学校的课程设置和考核方案不能一味地"以户口钱粮狱讼为急务"，也要充分重视德性教育，坚持育人为本、德育为先。

---

① 世：古人多以三十年为一世。

诚欲正朝廷以正百官，当以激浊扬清为第一义。

——《与公肃甥书》〔1〕

注释

〔1〕《与公肃甥书》是明清之际的大儒顾炎武写给外甥徐元文的信。徐元文，字公肃，顺治十六年（1659）状元，官至文华殿大学士兼翰林院掌院学士。顾炎武在信中告诫徐元文要"以道事君"，以"激浊扬清"为第一义，以"养廉"为本，徐元文在任职期间果然直言敢谏、整顿吏治，终成一代名臣。

译文

为政者如果诚心诚意想要百官行为端正，必先正朝廷，而欲正朝廷，就应当以激浊扬清作为第一原则。

解析

"正朝廷以正百官"为董仲舒首倡（《汉书·董仲舒传》），朱熹也曾引用（《全宋文·朱熹一》），可以说历代大儒皆有发明。顾炎武进一步指出，"正朝廷以正百官"的第一要义就是"激浊扬清"。"激浊扬清"出自先秦诸子百家之一的尸佼，"扬清激浊，荡去滓秽，义也"（《尸子·君治》）。"激浊扬清"是以水为原型的隐喻，在古人的认知中，"浊""清"与"脏""净"、"黑""白"都具有德性意义上的"恶""善"、"坏""好"的价值维度。

儒家在分析官员腐败现象时，往往将背后的原因归结于朝廷纲纪问题，"治水不清者澄其源"（《读史管见·桓帝》），所以要"正朝廷以正百官"。"正朝廷"的主张凸显了政治环境、政治生态的重要性。孔子也曾感慨过当时的政治生态之恶劣，"凤鸟不至，河不出图，吾已矣夫"（《论语·子罕》）。

顾炎武以"激浊扬清"为整顿政治的首要，对于我们今天要营造一个良好的政治环境和政治生态具有指导作用。"激浊"就是要将"反腐"进行到底，"扬清"就是要将"倡廉"落到实处，"使君子小人各得其分，则是非既明，赏罚必当"（《全宋文·李纲三〇》），才能实现干部清正、政府清廉、政治清明。

以仁义礼信〔1〕修其身而移之政，则天下莫不化之也。

——《临川集》

注释

〔1〕儒家的五常德为仁义礼智信，王安石此处举仁义礼信，可见其对儒家思想的认同和继承。

译文

以仁义礼信修养自身，然后再移之来为政，天下人就没有不能被感化的了。

解析

"王霸之辨"自先秦时期以来，一直是中国传统政治哲学中的重大论题。王安石认为，仁义礼信是天下公认的道德准则，也是王道和霸道的相同之处。既然王霸都讲仁义礼信，二者之间的根本差别是什么呢？"盖其心异而已矣"，二者的用心不同。用心也即我们今天讲的动机。可见，王安石划分王道与霸道的标准，近似于伦理学中的道德动机主义。王者所以为仁义礼信，"以为吾所当为而已矣"，其用心并非是有求于天下。王者"以仁义礼信修其身而移之政，则天下莫不化之也"，从"心非有求"到"修其身"而"移之政"，与《大学》中从"诚意正心"到"修身齐家"而"治国平天下"的逻辑路径大致是相同的。霸者所以为仁义礼信，本质上是"为利"，这也体现了"王霸之辨"与"义利之辨"的联系，《孟子·梁惠王》中，梁惠王问孟子："叟不远千里而来，亦将有以利吾国乎？"孟子回答："王何必曰利？亦有仁义而已矣。"霸者所以为仁义礼信，也是因为担忧天下人嫌恶其不仁不义不礼不信，所以才故作姿态。总而言之，霸者行仁义，未必有仁义；王者有仁义，所以行仁义。霸道和王道虽然在表面上有相似的地方，然而"群众的眼睛是雪亮的"，王霸毕竟殊途，所以"其心异则其事异，其事异则其功异"。

古之人修其天爵，而人爵从之。

——《孟子》

译文

　　古时候的人，专心修养天之爵位，于是人之爵位自然就随之而来。

解析

　　在中国传统文化中，"高""贵""尊""崇"等修饰语除了可以形容一个人的身份、地位、权势、财富，还可以形容一个人的德性修养水平。孟子据此认为，人的爵位、等级分为"天爵"和"人爵"，"仁义忠信，乐善不倦，此天爵也；公、卿、大夫，此人爵也"①。"天爵"是德性品质的象征，是个人通过自我修养获得的，具有内在性和独立性；"人爵"是政治地位的象征，是经由他人授予的，具有外在性和依赖性。

　　孟子接着指出，古时候的人与现在的人对待"天爵"和"人爵"的态度是不一样的。"古之人修其天爵"，其结果是"而人爵从之"；"今之人修其天爵，以要人爵；既得人爵，而弃其天爵"，其结果是"终亦必亡而已矣"。孟子虽然主张性善论，"人性之善也，犹水之就下也"，却也不得不承认现实中重"人爵"而轻"天爵"的人性状况。

　　当下，官本位思想和拜金主义盛行于世，道德逐渐被物化、工具化、手段化、边缘化，有一些为政者"修其天爵，以要人爵"，

---

① 　赵岐注："天爵以德，人爵以禄。"

把道德理解成一种谋求晋升的资本、资源，道德资本、道德资源的说法越来越流行。故而，孟子对"今之人"的批评，放在当代社会也同样具有警示意义。

千人之诺诺〔1〕，不如一士之谔谔〔2〕。

——《史记》

注释

〔1〕诺诺：连声应诺的样子，表示一味地附和、顺从，参见成语"唯唯诺诺"。

〔2〕谔谔：直言争辩的样子，表示有原则、有主见地发言，参见成语"謇謇谔谔"。

译文

众人的恭维、奉承，不如一名谏诤之士的直言、批评。

解析

商鞅依照法家的治国理念辅佐秦孝公治理秦国，积极推行新法，史称"商鞅变法"，使秦国迅速成为诸侯国中的霸主，为秦国日后统一六国奠定了制度基础，然而同时也为秦王朝"二世而亡"埋下祸根。商鞅重刑罚而轻教化，"苟可以强国，不法其故；苟可以利民，不循其礼"（《商君书·更法》），"不贵义而贵法"（《商君书·画策》），刻薄而不恤，以至于"多怨望者"。但由于极权政治下人人自危，很多卿士都是敢怒不敢言。所以赵良劝说商鞅"千人之诺诺，不如一士之谔谔"，告诫商鞅多听逆耳之言。

赵良将商君比作商纣王，"武王谔谔以昌，殷纣墨墨以亡"，意在让商鞅学习武王广开言路、善纳谏言。他接着指出，"恃德者昌，恃力者亡"，将谔谔视为恃德的结果，诺诺、墨墨则是恃力的结果，最终是依靠德性的昌盛，依靠暴力的灭亡。"千人之诺诺，不如一士之谔谔"的理论基础仍是德力之辨，广开言路、从谏如流，建立健全民主监督的制度和程序，是为政以德的重要内容和应有之义。

国将兴，必贵师而重傅；贵师而重傅〔1〕，则法度存。

——《荀子》

注释

〔1〕下文云："国将衰，必贱师而轻傅；贱师而轻傅，则人有快；人有快，则法度坏。"因此，按照古诗文对仗工整的特点，"贵师而重傅"之后疑有缺略。

译文

国家将要兴盛，必然是因为尊重师者和重视傅者。尊敬师、傅，国家的法令制度就能得到推行。

解析

师、傅都是指传授知识、技能的教师，区别在于傅在古早的时候是专门负责教导统治者的子嗣的，同时也有相应的官职，如太傅、少傅。另外，傅由于工作性质特殊，往往要给太子、公子们讲授为政之道、为政之德。后来，官学下移，私学兴起，师和傅的职能逐渐统一了起来，韩愈《师说》："师者，所以传道授业解惑也。"

"贵师而重傅"想要传达的就是尊师重教的理念。尊师重教是中华民族的优良传统，在荀子看来，尊师重教不仅仅是一种美德、美俗，更是与国家的兴衰息息相关。荀子的国家治理主张是"今人之性恶，必将待师法然后正，得礼义然后治。今人无师法，则偏险而不正；无礼义，则悖乱而不治"（《荀子·性恶》），故而，尊师重教是为政以德、政者正也的重要组成部分。在荀子的治理逻辑中，师法之化、礼义之道与法度之制是相通的，所以"贵师而重傅，则法度存"。并且，由于师法、礼义之间的相通性，荀子提倡的尊师重教，显然有着德教、礼教的色彩，这也是儒家教育思想的共同点，《礼记·学记》云："建国君民，教学为先""化民成俗，其必由学"。

德成〔1〕而教尊，教尊而官正，官正而国治。

——《礼记》

注释

〔1〕德成：修德有成、德性完善，或可等同于成为君子。

译文

为政者德性完善，从而施行教令就会受到尊敬；施行教令受到尊敬，从而文武百官就会端正；文武百官端正，从而国家就能得到治理。

解析

在儒家政治哲学中，从"德成"到"国治"，既是一个逻辑推理的过程，也是长期经验观察的结果。《礼记·文王世子》中，经验观察的始点被前推到了为政者参与政事之前，通过讲述周文王对子嗣的教育方式，传递出一个深刻的道理：德育要从娃娃抓起。德性修养需要长时间的积累和沉淀，能做到"为政以德""子帅以正"的为政者，往往自幼时就受到了良好的德性教育。所谓"师也者，教之以事而喻诸德者也"，德性教育是教育工作的核心环节。这里可能存在的疑问是，文王世子作为帝王之子，身份迥异于常人，其所受的教育是否也是特定阶层的产物？起码在德育方面，世子并没有得到特殊的对待，而且文中还特意说明了这样做的好处，"是故知为人子，然后可以为人父；知为人臣，然后可以为人君；知事人，然后能使人"。为政者德性完善就是"德成"，修德明义、不违正道，所以受百姓敬爱，"故能成其德教而行其政令"（《孝经·圣治章》），也就可以"教尊而官正，官正而国治"。

大道甚夷〔1〕，而人好径。

——《老子》

注释

〔1〕夷：平坦，也有安全的寓意。

译文

大路很平坦，然而人们却喜欢走小径。

解析

"大道甚夷，而人好径"以隐喻的方式表达了老子对当时社会状况的看法。"大道"就是正道，是人们应该遵循的正确的道路，"径"就是邪道、错误的道路。既然"大道甚夷"，为什么"而人好径"呢？因为人们都喜欢巧取、速成。巧取、速成怎么能做到呢？有两种常见的办法（"径"）：一种是"杀鸡取卵"，为眼前利益牺牲长期利益；另一种是"自私自利"，为自己利益牺牲他人利益。人皆好径，于是"朝甚除，田甚芜，仓甚虚；服文彩，带利剑，厌饮食，财货有馀"，国家利益和社会公共利益受到损害，个人利益则得到暂时的满足。

"好径"既是人性使然，如何让人们走向大道呢？在儒家看来，"政者正也。子帅以正，孰敢不正"（《论语·颜渊》），为政者率先遵循大道、正道，就能引领民众弃绝"好径"的恶习。同样的，如果为政者带头"好径"，其危害也是最大的，老子称之为"盗夸"，即强盗头子。

放眼今日之世界，人类命运共同体的大道宽阔平坦，而有些国家却喜欢单边主义和保护主义的狭窄小径。长此以往，不仅无助于维护全人类共同利益，"好径"之国也势必无法"独善其身"。中国作为负责任的大国，积极推动"一带一路"建设，共同构建人类命运共同体，正逐渐在"大道"上行稳致远。

第三篇

政德

政德是德政之本。中国传统治理思想历来注重官员的德性修养，在长期的政治实践和探索中，逐步形成了德才兼备、以德为先的用人标准。儒家的『内圣外王』之道试图证明，公德与私德之间没有一条严格的分界线，『修齐治平』是相互联系、层层递进的整体。以儒家思想为代表的中国传统文化为新时代推动全面从严治党、加强政德建设提供了丰富的理论资源。在强调政德的同时，也必须建立健全权力监督制约机制，才能真正把权力关进制度的笼子里。

靡〔1〕不有初，鲜〔2〕克有终。

——《诗经》

│注释│

〔1〕靡：无，没有。

〔2〕鲜：少，罕有。

│译文│

无有一个好的开始，少能有一个好的结局。

│解析│

"靡不有初，鲜克有终"是中国历史上辨异初与终、始与终的肇端之一。为什么只有少数人才能坚持到最后呢？一般来讲，或许有如下三种原因：一是由于在过程中受到了一系列不确定性的影响，例如，难以克服的困难、难以预知的风险、难以抵制的诱惑、难以适应的环境等。二是由于在取得一定成绩之后容易滋生自满情绪，产生懈怠心理，然后就会放松警惕、疏忽大意，最终断送好局。三是由于本身就缺乏恒心、毅力，三分钟热度，不能持之以恒或保持专注。另外，所谓"行百里者半九十"（《战国策·秦策五》），越是接近终点，就越容易失去定力。

《礼记·檀弓上》载有"曾子易箦"的事迹，曾子临终前决意要换掉季孙氏送给自己的床席，他说："吾何求哉？吾得正而毙焉，斯已矣。"历史和现实告诉我们，"晚节不保"是人性的常态。曾子之节，晚至将死之际无改于初，用孔子的话讲，"有始有卒者，其惟圣人乎"（《论语·子张》）。"靡不有初，鲜克有终"也常常被为政者视为警语，司马光《资治通鉴》曾评价唐玄宗："明皇之始欲为治，能自刻厉节俭如此，晚节犹以奢败；甚哉奢靡之易以溺人也！诗云：'靡不有初，鲜克有终。'可不慎哉！"

从善如登，从恶如崩。

—— 《国语》〔1〕

注释

〔1〕《国语》是中国第一部国别体史书，相传为春秋时期左丘明所撰。《国语》一书以国家分类、以语录为主，故名"国语"，记事时间起自西周中期，止于春秋战国之交。《国语》共二十一卷，其中《周语》三卷、《鲁语》二卷、《齐语》一卷、《晋语》九卷、《郑语》一卷、《楚语》二卷、《吴语》一卷、《越语》二卷，内容涉及各个国家的政治、经济、军事、外交、教育、法律、伦理，是研究先秦历史、政治、人事的重要材料。

译文

从善就像攀登一样，从恶就像山崩一样。

解析

"从善如登，从恶如崩"原是一桩政治事件中的引语。周武王灭商时作了一首诗，《支》："天之所支，不可坏也。其所坏，亦不可支也"，目的在于警戒后人。"天之所支，不可坏也"类似于"四维不张，国乃灭亡"（《管子·牧民》），言天命、国家皆有其核心支撑，管子认为是"礼义廉耻"，周武王称之为"德"。彪傒接着分析周朝的现状，"自幽王而天夺之明，使迷乱弃德，而即慆淫。以亡其百姓，其坏之也久矣。而又将补之，殆不可以！"天之所支，德也，其所坏，亡百姓也，此即"为政以德"的基本内涵。

为政以德　政者正也

　　"从善如登，从恶如崩"与《支》的主旨相呼应，大抵有如下三重意涵：首先，从善与从恶的难易程度不同，从善难、从恶易；其次，从善与从恶的到达时间不同，从善日积月累、从恶顷刻而至；最后，从善与从恶的回旋余地不同，从善到从恶不费功夫、从恶到从善势难回头。彪傒还为"从善如登，从恶如崩"补充了很多历史证据："昔孔甲乱夏，四世而陨。玄亡勤商，十有四世而兴。帝甲乱之，七世而陨。后稷勤周，十有五世而兴。"明代的何孟春引西畴老人言："欲为君子，积行累善莫之能致，一念私邪，一事悖戾，立见其为小人"（《余冬录·懿行》），为政者于修德从善，不可不慎。

视远惟明，听德惟聪。

——《尚书》

译文

能看得长远，才是目明；能听进德言，才是耳聪。

解析

"视远惟明，听德惟聪"是伊尹对商王太甲的劝诫，对于为政者提高政治站位、拓宽政治视野，营造开明的政治气象具有普遍意义。为政者应该高瞻远瞩、深谋远虑，不被眼前的利害所蒙蔽；应当从善如流、容得下批评，不能把德言、忠言当作"耳旁风"或是"多管闲事"。能做到这两点才是"耳聪目明"的政治家。这里的"聪"和"明"显然不是耳和眼的生理功能，而是与为政者是否有政治智慧以及德性修养的高低有关。宋代儒学家杨时指出，"知此然后可与论人君之聪明矣"（《杨时集·荆州所闻》）。

自春秋时期开始，谏官制度、谏官文化日益成为中国古代官僚制度、官僚文化的重要组成部分。"为人君而无谏臣则失正"（《孔子家语·子路初见》），为政者一定要审慎地对待权力，能分辨身边的各种言论，切莫图一时之快，失其正道。需要注意的是，"听从"德言只是基本要求，古人尤其还强调"悦从"①，听者和言者是相互影响、相互成就的，为政者切莫忽视有德之人的"扯耳拉袖"。

---

① 《旧唐书·魏徵传》："若勉听其言后复厌弃其人，则人怀顾忌不敢尽言矣。"

不矜细行，终累大德。为山九仞〔1〕，功亏一篑〔2〕。

——《尚书》

注释

〔1〕仞：古代长度单位，周制八尺，汉制七尺。

〔2〕篑：盛土的竹筐。

译文

不慎重细小的行为，终将拖累大的德行。堆九仞高的山，只差一筐土也不能算是大功告成。

解析

周武王灭商之后，便开始与四面八方的少数民族建立联系。"西旅"向周王朝进献当地的大型犬"獒"，太保召公奭看到后，担忧周武王玩物丧志、损害大节，于是作《旅獒》来劝诫周武王。

《旅獒》以"明王慎德"开篇立论，蔡沈《书集传》："谨德，盖一篇之纲领也。""不矜细行，终累大德"正是对"明王慎德"的解释说明。很多时候，初看起来只是一两件微小的兴趣爱好，但长时间沉湎其中，就会消磨意志、减损德性。与历史上很多玩物丧志的皇帝不同，召公奭创作《旅獒》时，周武王已经替天伐纣，德行天下了，所以召公奭才会说"为山九仞，功亏一篑"。为政者的地位越高、权力越大、功劳越多，也就越容易骄傲自满、放松懈怠、麻痹大意。那么，为政者应当如何避免"终累大德"的政治悲剧呢？

第一是勤于德，"夙夜罔或不勤"，从早到晚一刻也不能不勤勉；第二是矜乎德，一言一行都不能不谨慎。

莫见乎隐，莫显乎微，故君子慎其独也。

——《中庸》〔1〕

注释

〔1〕《中庸》相传为战国时期子思所作，原是《礼记》中的一个篇章，宋代以后，《中庸》逐步确立了儒家经典的地位，不仅为当时的大儒极力推崇，而且还成为科举考试的重要内容。《中庸》是一部论述人生修养境界的伦理学著作，主张"中庸"是修德的最高标准，肯定"诚"的本体意义，提出"博学之，审问之，慎思之，明辨之，笃行之"的学习方法，是中华文化中独树一帜的古典智慧。

译文

隐秘、细微之处没有不显现出来的，因此君子谨慎对待独处。

解析

"莫见乎隐，莫显乎微，故君子慎其独也"可以有不同层次的理解。首先，"君子慎独"可以作为对"小人闲居"的回应，"小人闲居为不善，无所不至，见君子而后厌然掩其不善而著其善"（《礼记·大学》）。此处的"独"与"闲居"更多的是在强调一些隐蔽的场合，郑玄注："慎独者，慎其闲居之所为"。没有人看到自己的时候就暴露小人的脾性，有人监督的时候又伪装成君子，这样是不可能不被发现的。因为"诚于中，形于外"（《礼记·大学》），内心的真实想法总会表现出来的。继而，更高层次的要求是，独处的时候不仅不能做出恶行，并且不能生出恶念，"迹虽未形而几则已动"

（《四书章句集注·中庸章句》），正如王阳明所说"一念发动处，便即是行了"（《传习录·门人黄直录》）。

《后汉书·杨震传》记载，王密有一次在深夜送给杨震十斤黄金，并称"暮夜无知者"，杨震却回答"天知、神知、我知、子知，何谓无知"？杨震力拒私谒，可以说是官员"慎独"的榜样。"慎独"是中华民族德性修养的工夫，也是很高的境界。慎独精神警醒、勉励今天的为政者要经常自查自纠、时刻自我约束，做到台上台下、人前人后一个样，以更高的道德标准要求自己。

不远之复〔1〕，以修身也。

——《易传》

注释

〔1〕复：返回，回归。

译文

起步不远就回归正道，自身的德性修养也由此提高。

解析

"初九：不远复，无祗悔，元吉"（《易传·复卦》），意思是说：起步不远就回归正道，没有大的悔恨，大吉。《象》曰："不远之复，以修身也。"将其与德性修养联系起来。孔子以之评价颜回，"颜氏之子，其殆庶几乎！有不善未尝不知，知之未尝复行也"（《易传·系辞下》）。孔子还曾称赞颜回"不二过"（《论语·雍也》）。程颐据此指出，"不远而复者，君子所以修其身之道也。学问之道无他也，唯其知不善，则速改以从善而已"（《周易程氏传·复》）。朱熹在此之上又做了补充，"曲折专以'速改'字上着力。若今日不改，是坏了两日事；明日不改，是坏了四日事。今人之是惮难，过了日子"（《朱子语类·卷第二十一》）。

"不远之复，以修身也"对于为政者治国理政具有积极的启示意义。为政者在"知不善"的时候，不能因为有畏难情绪、害怕承担责任、存在侥幸心理，就因循守旧、推诿扯皮、无所作为。面对治理中出现的问题，必须"马上就办"。

耳闻之不如目见之，目见之不如足践之，足践之不如手辨之。

——《说苑》〔1〕

注释

〔1〕《说苑》又名《新苑》，是汉代刘向（公元前77—前6）编纂的杂史小说集，后经宋代曾巩校阅。《说苑》记述了春秋战国至汉代的各类逸闻轶事，其中以诸子言行为主，着重体现了儒家的一些思想观念，同时兼有较高的文学价值，对后世的格言警句、笔记小说都有一定的影响。

译文

用耳朵去听不如用眼睛去看，用眼睛去看不如用脚去践履，用脚去践履不如用手去分辨。

解析

《说苑·政理》中的"耳闻之不如目见之"，后来被改写为"耳听为虚，眼见为实"，成了一句民间俗谚。实际上，这句话原本还有"下文"，"目见之不如足践之，足践之不如手辨之"。耳、目、足、手的排序，反映了古人对感觉器官认识世界之真实性、可靠性的排序，同时也是实践的程度不断加深的过程。

魏文侯任命西门豹治理邺城，嘱咐他一定要做到"全功成名布义"，西门豹请教具体的做法，于是便有了"耳闻之不如目见之，目见之不如足践之，足践之不如手辨之"。在魏文侯看来，明知是善治的基础和前提，"明乃治，治乃行"。耳闻、目见、足践、手辨，皆是为了"明"。为政者要保持"明"的状态，就必须善于实践。没有调查就没有发言权，实践出真知。然而，实践不能仅仅停留在听报告、看文件，要不断拓展实践的深度和广度，"纸上得来终觉浅，绝知此事要躬行"（《冬夜读书示子聿》）。

取法于上，仅得为中；取法于中，故为其下。自非上德，不可效焉。

——《帝范》〔1〕

注释

〔1〕《帝范》成书于唐贞观二十二年（648），系唐太宗李世民亲撰的一部论述为政之道的政治著作。《帝范》共十二篇：君体、建亲、求贤、审官、纳谏、去谗、诫盈、崇俭、赏罚、务农、阅武、崇文，每篇简明扼要、微言大义，以一代明君的视角对国家治理问题提出了一系列富有洞见的看法。

译文

效法上等，只能得到中等；效法中等，所以只能处于下等。倘若不是上等的德，则不可以效法。

解析

理想与现实之间存在着距离，但两者又是互动的关系。树立远大的理想，就会以较高的标准要求自己，即使没能实现最终的目标，也会收获可观的回报；但如果一开始就对未来不抱任何期许，则容易放松要求、荒废度日，落得个一事无成的下场。立志、求学、修身、治国，其所能达到的高度，皆与效法的对象有关。所以李世民认为，在德性修养和为政以德的问题上，"自非上德，不可效焉"。

需要指出的是，在其他领域里，合理的目标总是需要与现实的境遇相结合，一味地追求不切实际的幻想，反而易受牵累。"而彭祖乃今以久特闻，众人匹之，不亦悲乎"（《庄子·逍遥游》），"吾生也有涯，而知也无涯。以有涯随无涯，殆已"（《庄子·养生主》），希求彭祖的寿命和无穷的知识，这本身就是虚妄的。然而，"德"如果有上德、中德、下德之分，那么人们就应该追求上德。这是因为儒家不以穷达论德，"贤哉回也！一箪食，一瓢饮，在陋巷，人不堪其忧，回也不改其乐"（《论语·雍也》），"士志于道，而耻恶衣恶食者，未足与议也"（《论语·里仁》）。"德"是可以超越具体情境而向上跃升的，修德完全在于自己，效法上德，得中德；效法中德，得下德。下德者，小人之德也，所以君子必须取法上德。

明者因时而变，知者随世而制。

——《盐铁论》

译文

明智的人根据时代的不同而改变策略，智慧的人随着世事的不同而制定规则。

解析

汉昭帝始元六年（公元前81），召开"盐铁会议"①，以贤良文学为一方，以御史大夫为另一方，对汉昭帝时期的国家政策和施政理念等问题展开辩论。辩论的核心议题是，自汉武帝以来的盐铁专卖制度是否应该废止。贤良文学持守儒家"贵德而贱利，重义而轻财"的立场，认为安民富国之道的关键就是重本抑末，"本立而道生"（《论语·学而》），批评御史大夫有关国营垄断的经济主张是"意有所倚"。御史大夫随后也化用儒家"三年无改于父之道，可谓孝矣"（《论语·学而》）来诘难贤良文学，"故君薨，臣不变君之政；父没，则子不改父之道也"，而今盐铁专卖制度由来已久，贤良文学想要废止，岂不是在妨碍圣主之"德"吗？

御史大夫以德立论，以忠孝为倚，以儒家之道还施儒家，可谓善辩。贤良文学针对妨"德"的质疑，提出了"明者因时而变，知者随世而制"，并以鲁定公、鲁昭公的"变"与秦二世、赵高的"无

---

① "盐铁会议"背后的一条暗线是大司马、大将军霍光与御史大夫桑弘羊之间的政治斗争。

改"为例做比较，论证了"德"不是因循守旧、一成不变的，德者同时也应该是明者和知者，为政以德要因时而变、随世而制。"凡益之道，与时偕行"（《易传·益卦》），国家治理、全球治理都要与时俱进，因时制宜。当今之世，唯有摒弃冷战思维、零和博弈的旧观念，才能迸发全球发展的新生机。

或多难以固邦国，或殷忧以启圣明。

——《昭明文选》〔1〕

译文

有的国家多灾多难却使得国家更加稳固，有的国家深处忧患却启迪了圣贤明君。

解析

千百年来治乱兴衰、朝代更迭，神州多飘摇，江山难永固。盛世如文景、光武、贞观、开元、永乐、康乾，其创业、中兴、守成，并非是因为没有遇到艰难险阻，"或多难以固邦国，或殷忧以启圣明"，必是因为居安思危、转危为安的德性力量和政治智慧。

中华民族是一个善于运用辩证思维的民族。辩证思维是最古老也最具生命力的智慧形态，早在《易经》当中就出现了"否极泰

为政以德　政者正也

203

来"的思想,《道德经》当中也有"福祸相依"的论证,时至今日,辩证思维已经被广泛应用在各个领域。在政治领域中,"殷忧启圣,多难兴邦"就是一种辩证的治理思维,欧阳修解释为"盖事危则志锐,情苦则虑深,故能转祸为福也"(《新唐书·张廷珪》)。"殷忧启圣,多难兴邦"也是一种忧患意识,或人或国,"生于忧患,而死于安乐也"(《孟子·告子下》),康有为《孟子微》转述为"处忧患而益为生机,久安乐而即为死道"。"殷忧启圣,多难兴邦"不仅是个人成长与国家强大的一般规律和必由之路,也是培育爱国主义精神、加强民族团结的强心剂。一方有难,八方支援;艰难困苦,玉汝于成。历史证明,没有任何灾难能够打垮团结一致、众志成城的中国人民。

天下之事，未尝不败于专而成于共。

——《张共字大成序》〔1〕

注释

〔1〕《张共字大成序》是司马光（1019—1086）于宋仁宗嘉祐元年（1056）为越州张推官所作。

译文

天下所有的事情没有不败于专己而成于共济的。

解析

政治话语与伦理话语互渗、互释，是北宋文风的鲜明特色。司马光所说的"天下之事"多指政事，而政事的成败取决于为政者是"专"还是"共"。在司马光看来，共与专就构成了君子与小人的分野。以共、专观之，君子、小人的分别主要体现在四个方面：在德性修养方面，君子与人共同遵守道义，小人则有自己的算盘，不能依从善道、服膺正义；在建功立业方面，君子与人共享功劳、成果，小人则想着怎么揽功、独占，容不下比自己贤能的人；在功成名就方面，君子与人分享荣誉和名望，小人则终日担心别人的声名盖过他；在得志从欲方面，君子与人互利共赢，小人则不想别人得到好处。最终，君子道明、功成、名荣、利长，小人则道蔽、功楛、名辱、利亡。司马光的这篇文章从共、专的视角切入，强调为政者应该同时是一名君子，丰富了为政以德的内涵，凸显了为政以德的重要性，极富辩证思维和政治智慧。

为政以德 政者正也

205

　　全球化时代，全球治理是世界各国共同面临的"天下大事"，其成败攸关全人类的福祉。全球治理的成败，关键就要看各个国家是专己之道、功、名、利，还是推动构建人类命运共同体，实现共赢共享共济共荣。

同心而共济，始终如一，此君子之朋也。

——《朋党论》[1]

注释

〔1〕《朋党论》是欧阳修（1007—1072）在庆历四年（1044）上呈宋仁宗的一篇奏章。北宋时期，朋党之争成为政治生活的一项常态。庆历年间，范仲淹、韩琦、富弼、欧阳修等人执政，被保守派诬为"朋党"，一定程度上导致了执政集团的改革失败，欧阳修写《朋党论》正是为了回应保守派的攻击。《朋党论》贯彻了欧阳修"事信，意新，理通，语工"的写作主张，具有批判性和说服力，既是古代君子小人之辨的承接，又是针对朋党问题的新论。

译文

信念一致而互相帮助，自始至终一个样子，这就是君子的朋党。

解析

宋仁宗在官僚体制上的一大创设，就是将谏官的职责从劝诫天子改为监督宰相，从而制造了谏官与宰相的对立。由于批评的对象不再是最高统治者，谏官的批评风格、批评方式、批评内容、批评频率等都发生了巨大的变化。这一转变的主要表现，就是不再单纯的就事论事，而是经常上升到对其人的道德、人格、品行、素养的批评。因此，君子、小人、朋党等极富道德倾向的话语逐渐成为宋代政治话语中的高频词。

　　欧阳修的这篇文章，正是当时政治批评风格和政治话语选择的集中体现。朋党虽是文章的主题，但朋党论的核心仍是君子小人之辨，其分辨标准还是"君子喻于义，小人喻于利"（《论语·里仁》）。君子的朋党是好义的朋党、真正的朋党、长久的朋党，小人的朋党是好利的朋党、伪装的朋党、短暂的朋党，所以说"小人无朋，惟君子则有之"。君子之朋共同为政，则"同心而共济，始终如一"，天下就可以治理好了。

　　在国际交往中，流传着 19 世纪英国首相亨利·帕麦斯顿的一句名言："没有永久的朋友，只有永久的利益"。这句话背后的朋党观，正是欧阳修所批判的小人之朋。国与国之间的交往应该倡导君子之朋，树立正确的义利观，才能构建同心同德、同舟共济的人类命运共同体。

圣人非不好利也，利在于利万人；非不好富也，富在于富天下。

——《白居易集》

译文

圣人并非不喜欢利益，而是要为万民谋福利；并非不喜欢财富，而是要让天下人都富有。

解析

自从孔子提出"君子喻于义，小人喻于利"（《论语·里仁》）的重要区分，便不断有人据此认为义与利之间是截然对立的关系。实际上，如果说义当中不包含任何的利，那么义的内涵就变得难以界定了，很可能陷入同类词语互相解释、循环界定的怪圈。并且，假如说义反对人们追求所有的利，那么义的要求未免也太过苛刻了，以至于脱离了人性的现实土壤。然而，白居易认为，"圣人非不好利也，利在于利万人；非不好富也，富在于富天下"，打通了义与利之间的界限，把义与利的分别还原成利他与利己的分别，具有一定的理论贡献。

白居易之所以提出这个观点，本意是劝告为政者不要与民争利，带有民本政治的色彩以及藏富于民的取向。然而，或许是受限于时代背景，白居易对"利"的理解明显过于狭隘，他认为只有农桑之产和衣食之货才是应该追求的利①，未能突破中国传统社会重农抑商、重本抑末的价值观念。

① 参见白居易《策林二·不夺人利》："是以善为国者不求非农桑之产，不重非衣食之货。"

为政以德　政者正也

209

才者，德之资也。德者，才之帅也。

——《资治通鉴》〔1〕

注释

〔1〕《资治通鉴》是由北宋司马光主编的一部多卷本编年体史书，共 294 卷，历时 19 年完成。《资治通鉴》以时间为纲、以事件为目，从周威烈王二十三年（公元前 403）写起，到五代后周世宗显德六年（959）为止，涉及十六朝 1362 年的历史。该书以史为鉴，"专取国家盛衰，系民生休戚，善可为法，恶可为戒"，总结出很多国家治理的历史经验，是历代为政者都高度重视的政治教科书，在中国官修史书中占有重要地位。

译文

才是德的凭借，德是才的统帅。

解析

司马光编写《资治通鉴》的主要动因，是研究国家治乱兴衰的经验教训、或者说一般规律，以供为政者从中汲取政治智慧、提高治理能力。苏轼在《司马温公行状》中将司马光对国家治理的理解归纳为："治乱之机，在于用人。"

"才者，德之资也。德者，才之帅也"，正是司马光对春秋末年"三家分晋"这一历史事件的总结和提炼。司马光认为，导致晋国覆灭的一条关键线索，是晋国的执政者智伯有才而无德，"智伯之亡也，才胜德也"。司马光以德、才为考量把人才划分为四种：才德全尽谓之"圣人";才德兼亡谓之"愚人";德胜才谓之"君子";才胜德谓之"小人"。在用人取士方面,当以圣人、君子为先,小人为最后。因为小人亦可有智勇双全之才,其"狭才以为恶",则难以阻止、危害极大。

德才兼备、以德为先的用人观,古已有之。既然大家都明白这个道理,为什么历史上"才胜德"的现象屡屡发生?司马光进一步指出,人们虽然知道德之于才的优先地位,但是现实中对于二者却往往难以分辨。另一方面,人们一般对德者都是恭敬的态度,对才者都是喜爱的态度,"爱者易亲,严者易疏",由于受到自身情感偏好的影响,难以做出正确的判断和选择。也就是说,考察人才的人("察者")必须擦亮眼睛、凭良心。

不患位之不尊，而患德之不崇。

——《应间》〔1〕

注释

〔1〕《应间》是东汉时期张衡（公元78—139）创作的一篇文章。张衡担任太史令多年，不得升迁，因此招来了"间者"的讥讽和诘难，遂写了这篇文章予以"回应"。《应间》将道德评价置于社会地位评价之上，体现了有德君子不贪图高官厚禄而讲求正己修德的高尚情操。

译文

不担心地位不够尊贵，而担心德性不崇高。

解析

"患"是人生在世无法避免的生存况味，"患得患失"是"患"的普遍形态。儒家面对"患"的人生境况问题，充分意识到人的"得失心"是难以消解的，于是尝试将其引导至正面的、积极的方向。儒家的引导策略就是让人们去"患德"，而不是去患一些功名利禄。张衡不仅在目标设置上提出要"不患位之不尊，而患德之不崇"，在手段选择上也表示"捷径邪至，我不忍以投步；干进苟容，我不忍以歙肩"，体现了一个为政者对儒家"患德"原则的阐发和坚守。

张衡《应间》虽然回应的是那些非议他的间者，但也能看作是对整个官场风气的回应，甚至可以说是在针对"官本位"思想主导下的价值排序。为政者的能力有大小、地位有高低，然而这不应该成为评价官员的主要标准。以德观之，居上位者应以下德为耻，居下位者应修上德而不患，则上下齐一也。

学者非必为仕〔1〕，而仕者必如学。

——《荀子》

注释

〔1〕仕：指做官。

译文

读书人不一定要做官，但为政者必须坚持学习。

解析

孔子的弟子子夏说过，"仕而优则学，学而优则仕"（《论语·子张》），在这句话当中，"仕而优则学"在前，应该是子夏觉得更为重要的部分。然而在流传过程中，"学而优则仕"却受到了更多的关注，这一转变可能与后来的"科举取士"制度有很大关系。"学而优则仕"的价值取向与古代"官本位"社会之间构成了双向互动：一方面，学者借由科举考试入朝为官，实现社会阶层的跃迁；另一方面，最高统治者通过科举制度吸纳各个阶层的优秀人才，使其为中央帝国的统治效力，科举制度的完善者唐太宗曾得意地说道"天下英雄入吾彀中矣"（《唐摭言·卷一》）。

但我们应当看到，"学则仕"是很常见的，甚至可以说是古代"官本位"社会的价值共识；然而"仕则学"却是少见的，在古代政治文化、官僚文化中长期处于缺位的状态。因此，荀子接着讲"学者非必为仕，而仕者必如学"，不仅弱化了"学则仕"的取向，并且把"仕则学"放在更加突出位置，有利于摆正仕与学、为政与为学、仕者与学者的关系，对建设学习型组织、学习型政党具有指导意义。需要指出的是，荀子所讲的"学"不单单指学习知识和技能，更关键的是学习德、学习成为圣人，"积善成德，而神明自得，圣心备焉"（《荀子·劝学》）。

公生明，廉生威。

—— 《官箴》〔1〕

注释

〔1〕《官箴》是明朝山东巡抚年富（1395—1464）制作的刻石，年富以之作为自己为政的座右铭。《官箴》共计三十六字："吏不畏吾严而畏吾廉，民不服吾能而服吾公。廉则吏不敢慢，公则民不敢欺。公生明、廉生威。"句句箴言，发人深省，为政者当以之为警语。

译文

为政公正，才能明辨是非；为政廉洁，才能树立威信。

解析

"公生明"最早由荀子提出，"公生明，偏生暗"（《荀子·不苟》）。魏徵以之告诫唐太宗，"兼听则明，偏信则暗"（《资治通鉴·唐纪八》），柴中行也曾用以规劝君主，"此心一偏，邪正是非贸乱。虽欲知之，不可得矣"（《玉牒初草集证·宁宗皇帝》）。"偏"也就是"私"，所以施璜说，"公生明，私生昏"（《五子近思路发明·克治》）。为政者"公生明"，便能"断"，"公生明，明生断"（《樊山政书·卷十九》）；便能"知"，"知人何以明，亦曰公生明而已"（《童山文集·卷一三》）。能"断"，则"民讼不能嚚"（《江西道院集·卷末》）；能"知"，则"人不能欺"（《大学衍义补·严武备》）。

"廉"自古就是推选人才从政的核心关切，汉代的选官制度即有"孝廉"一科。"公生明"与"廉生威"实际上是相互联系的，逻辑上可以互推。宋高宗曾就"公生明"问孙栎"何以生公",孙栎说"廉生"(《杨万里集笺校·朝天集》)。"公""廉"在今天仍然是为政者实现政治清明所必要的德性,不仅要将公、廉作为官德、政德建设的重要内容,还要从制度设计上完善约束和监督机制,确保"公生明,廉生威"落到实处。

修己以安〔1〕百姓。

——《论语》

注释

〔1〕安：这里是动词，意思是使安定、使安乐。

译文

自我修养以使百姓安乐。

解析

　　子路向孔子请教君子之道，孔子先后回答了君子之道的三种境界：修己以敬、修己以安人、修己以安百姓。需要注意的是，子路所说的"君子"，既拥有一定的政治地位又具备良好的德性品质，而孔子的回答也体现了政治与德性的结合。"修己以敬"就是通过自我修养以使自己保持一种恭敬的态度；"修己以安人"就是通过自我修养以使身边的人能够安乐；"修己以安百姓"就是通过自我修养以使全天下的老百姓都能够安乐。后世的研究者尝将这段话与《大学》相联系，认为"修己以敬"对应"修身"；"修己以安人"对应"齐家"；"修己以安百姓"对应"治国平天下"，当然也是很有道理的。

　　"修己以安百姓"有两重意义，其一是"安百姓"以"修身"为本，"自天子以至于庶人，壹是皆以修身为本"（《大学》）；其二是"修身"以"安百姓"为最高境界，孔子认为这一境界实难达到，"尧、舜其犹病诸"，何况是君子呢？"修己以安百姓"作为儒家德性修养的最终目标，千百年来不断激励着中国人将个人奋斗融入国家建设和民族复兴的洪流之中。正如鲁迅先生在《这也是生活》中的独白："无穷的远方，无数的人们，都和我有关。"

去民之患，如除腹心〔1〕之疾。

——《上皇帝书》〔2〕

注释

〔1〕腹心：腹部和心脏，人体的重要器官，常用来比喻要害或关键部分。

〔2〕《上皇帝书》是熙宁二年（1069）苏辙（1039—1112）写给皇帝的奏疏。苏辙是唐宋八大家之一，擅长政论和史论，他的文章大多针砭时弊、切中肯綮。

译文

去除老百姓的祸患，要像去除自己心腹要害的疾病一样。

解析

苏辙在《上皇帝书》中，尤其触目政治理念不能落实到实际工作中的弊病。所谓"若升高，必自下；若陟遐，必自迩"（《尚书·太甲下》），政治事务中也分高下、远近，然而苏辙认为，今之为政者大多"好高骛远"，不能将高远的政治理想与普通老百姓的疾苦结合起来，"然世之人常鄙其下而厌其近，务先从事于高远，不知其不可得也"。

"去民之患，如除腹心之疾"正是针对当时"好高骛远"的不良政治风气而提出的。很多为政者并非不知道"民生之多艰"，惟其不"哀"而已，"是无损于我，而徒以为怨云尔"，以为无关痛痒，便不放在心上。

"为政以德"虽然有着崇高的政治愿景，但正如苏辙对"无思远人，劳心忉忉"（《诗经·齐风·甫田》）的评论，"思远人而德不足，则心劳而无获"，如果不能从小善做起，遐往至善就只能是徒劳。"去民之患，如除腹心之疾"就是要求为政者将老百姓的祸患视为自己的"腹心之疾"，一日不除就寝食难安、后患无穷。

　　现如今世界各国的为政者，言必称自由、平等、博爱、民主、人权，十分懂得政治正确和政治话术。然而，又有多少是真正把民生疾苦放在心上的呢？为政者应谨记，"德"非高悬，"民"非虚言。

以至诚为道，以至仁为德。

——《上初即位论治道二首》〔1〕

注释

〔1〕《上初即位论治道二首》包括《道德》《刑政》二首，为北宋苏轼（1037—1101）代同僚吕申公所作，"上初即位"应是宋哲宗初即位。

译文

为政者应以至诚作为道，以至仁作为德。

解析

从广义上讲，"道"泛指某种道路、方法，"德"泛指某种内在的品性，"道"和"德"都并非儒家专门用语。"道"不是只有一种，"道不同，不相为谋"（《论语·卫灵公》）；"德"也有不同层次，"君子之德风，小人之德草"（《论语·颜渊》）。苏东坡劝勉为政者"以至诚为道，以至仁为德"，也是希望为政者能够远离各种"非道""非德"的邪说异术。

"至诚"就是极为真诚，要求为政者对待所有人"皆推赤心以待之，不可以丝毫伪也"，因为一旦有丝毫的虚伪狡诈，必定会被人察觉，随即猜疑、仇怨四起，国家之前途命运不可逆料。"至仁"就是高尚的仁德，要求为政者"视臣如手足，视民如赤子，戢兵，省刑，时使，薄敛，行此六事而已矣"。苏东坡秉持儒家道德，建议为政者兴尧、舜之学，以及不要被"文奸言以济暴行"的邪说所迷惑。

　　"以至诚为道，以至仁为德"的理念对于国际交往和国家治理都具有积极意义。现在有一些国家，不以至诚为道，俨然一副道貌岸然的样子；不以至仁为德，把其他国家的崛起视作潜在的威胁。以"国家安全"为由，大搞军备竞赛；打着"人权"的旗号，干涉他国内政。做的事情和秦二世、王莽相同，结局又岂会不同？

鞠躬尽瘁，死而后已。

——《后出师表》〔1〕

注释

〔1〕《后出师表》载于三国时期吴国张俨的《默记》，一般认为是诸葛亮（181—234）所作，系《出师表》（《前出师表》）的姊妹篇。《后出师表》开篇就表明了汉（蜀汉）贼（曹魏）不两立的政治立场以及敌强我弱的严峻现实。诸葛亮继而向刘禅说明，挥师北伐不仅是为了实现先帝（刘备）的遗愿，也关系到国家的生死存亡，不能因为朝中有不同意见而动摇，全文传达出一股忠贞壮烈之气。唐代诗人杜甫曾作《蜀相》以表达对诸葛亮的崇敬之情："丞相祠堂何处寻，锦官城外柏森森。映阶碧草自春色，隔叶黄鹂空好音。三顾频烦天下计，两朝开济老臣心。出师未捷身先死，长使英雄泪满襟。"

译文

毕恭毕敬、尽心尽力，直到死为止。

解析

诸葛亮"鞠躬尽瘁，死而后已"，对自己所效忠的蜀汉政权真正做到了问心无愧，即所谓"仰不愧于天，俯不怍于人"（《孟子·尽心上》）。诸葛亮能够"子帅以正"（《论语·颜渊》），是刘备势力得以不断壮大的重要原因，也是诸葛亮本人之所以拥有强大的政治影响力和人格魅力的关键所在。另外，诸葛亮只问付出、不问结果，既是他修养境界的体现也是他事事都能全力以赴的心理支撑，"至于成败利钝，非臣之明所能逆睹也"。

"勤政爱民"一直是老百姓心中的"好官"标准，也是官员的为政之德。为政者要想造福于民、有所作为，必然需要投入大量的时间和精力。同时，"业精于勤"，勤政也是为政者提高治理能力的有效方式。勤政的反面就是懒政，在今天这样一个到处鼓吹"摸鱼""躺平"的时代，官员的从政心理难免受到影响，而诸葛亮则用他的一生诠释了什么是为政者应有的姿态。假如为政者能够做到勤政爱民、廉洁奉公，鞠躬尽瘁、死而后已，老百姓就一定会追随、效仿。"上下一心，三军同力"（《荀子·富国》），继而国家就能治理好了。

时穷节乃见，——垂丹青。

——《正气歌》[1]

注释

[1]《正气歌》为南宋时期文天祥（1236—1283）所作，祥兴元年（1278），文天祥战败被俘，次年被押解至元大都。狱中三年，面对各种威逼利诱，文天祥始终坚贞不屈、不为所动。《正气歌》正是文天祥在牢狱之中写就的，全诗慷慨激昂、气壮山河，充分展现了作者的浩然正气和民族气节。

译文

时局穷困之际，人的气节就会显现出来，一个个都将名垂青史。

解析

很多为政者在踏入仕途的初期，都怀有一颗经世济民、兼善天下的赤子之心。然而后来却有一部分人没能经受住考验，走上了贪污腐败、违法犯罪的道路。这部分人，归根到底是没能克服自然倾向中对穷困的排斥力和对显达的欲求心。在文天祥看来，越是在危难关头和重利当前的极端处境之中，一个人的气节和操守就越是能显现出来。"时穷节乃见"，德性修养的高低与受时局影响的程度之间呈反比例关系。

人为什么可以在大是大非面前守住初心，坚持自己的道义和选择？文天祥引孟子语"吾善养吾浩然之气"（《孟子·公孙丑上》），

"浩然之气"是天地正气作用于人身的形态。"浩然之气"是一种"正气","正"意味着不偏不倚、岿然不动，具有很强的道德合理性和正当性。文天祥身处环境恶劣的牢房，却可以凭借自身的正气，不受外部的水气、土气、日气、火气、米气、人气、秽气等数气的影响；更为关键的是，能够成为一个真正的"大丈夫"，"立天下之正位""富贵不能淫，贫贱不能移，威武不能屈"(《孟子·滕文公下》)。为政者应当学习和培养这股"浩然之气"，志在垂丹青，于时局变换中保持政治定力和政治操守。

历览前贤国与家，成由勤俭破由奢。

——《咏史》〔1〕

▎注释▎

〔1〕《咏史》是唐代诗人李商隐（813？—858）创作的一首七言绝句。全诗为："历览前贤国与家，成由勤俭破由奢。何须琥珀方为枕，岂得真珠始是车。运去不逢青海马，力穷难拔蜀山蛇。几人曾预南薰曲，终古苍梧哭翠华。"这首诗描写了一幅饱经六朝兴废的历史图画，表达了作者无穷的感慨与哀思。

▎译文▎

遍看前代的王朝与家族，其成功无不是因为勤俭、其破败无不是因为奢靡。

▎解析▎

中国古代社会非常重视经史教育，文人墨客大多精熟历史，故而在创作中常常使用托古、借古的手法来颂今或讽今。"历览前贤国与家，成由勤俭破由奢"的历史洞见并非李商隐首创，《韩非子·十过》有载，秦穆公曾向由余请教治国之道，由余回答："常以俭得之，以奢失之。"一般认为，俭和奢至多不过个人作风问题，将国家的治乱存亡归结于俭和奢，为政者难免会认为这是在夸大其词。然而，无论是由余举的上古帝王事迹，还是李商隐举的宋武帝（"何须琥珀方为枕"）、齐桓公（"岂得珍珠始是车"）的逸闻，都印证了国家的成破与为政者的俭奢密切相关。据史书记载，唐穆宗、敬宗治时皆有奢侈之弊，唐文宗即位后力主去奢从俭，但为时已晚，唐王朝仍不可避免地走向了衰颓。李商隐创作这首诗的现实背景应该与此有关。古往今来，为政者的作风和纪律一直是政治生态的晴雨表，"历览前贤国与家，成由勤俭破由奢"提醒我们必须大力弘扬"勤俭节约"的中华传统美德，加强廉政建设和队伍作风建设。

先天下之忧而忧，后天下之乐而乐。

——《岳阳楼记》〔1〕

注释

〔1〕《岳阳楼记》的作者是北宋的范仲淹（989—1052），创作背景是庆历六年（1046）范仲淹应好友滕宗谅之请，为重修后的岳阳楼写一篇记。全文巧妙地将记叙、写景、抒情、议论融为一体，是中国散文中的经典之作。

译文

在天下人忧愁之前就忧愁，在天下人快乐之后才快乐。

解析

中国古代政治哲学很重视"情"在治国理政中的作用，通常表现为，为政者与老百姓之间的双向情感交流和情感互动。一方面，为政者"居庙堂之高则忧其民"；另一方面，老百姓"处江湖之远则忧其君"。这一政治哲学中的双向情感机制可以追溯到先秦时期，"乐民之乐者，民亦乐其乐；忧民之忧者，民亦忧其忧"（《孟子·梁惠王下》）。

"忧"与"乐"是人之情在政治领域中的集中表达。然而早先的时候，古人往往更强调"乐"，例如孟子在语序上将"乐民"置于"忧民"之前，并且提出了"与民同乐"（《孟子·梁惠王下》）。范仲淹主张先"忧"后"乐"，当然与北宋时期普遍的忧患意识有关，所以范仲淹才会感到"是进亦忧，退亦忧"。范仲淹在《岳阳楼记》中为传统的忧乐观增刻了时代的印记，把早期忧乐并举、以乐为重的观念改写成了忧先乐后、以忧为重。而且，"先天下之忧而忧，后天下之乐而乐"无疑给为政者设立了更严格的要求，比之从前与民"同忧同乐"的忧乐观，明确地划分了时间上的先后顺序，显然是一种很高的为政境界。

但愿苍生俱饱暖，不辞辛苦出山林。

——《咏煤炭》〔1〕

注释

〔1〕《咏煤炭》是明代于谦（1398—1457）创作的一首七言诗。全诗为："凿开混沌得乌金，蓄藏阳和意最深。爝火燃回春浩浩，洪炉照破夜沉沉。鼎彝元赖生成力，铁石犹存死后心。但愿苍生俱饱暖，不辞辛苦出山林。"这首诗表达了作者忧国忧民的情怀和无私奉献的精神。

译文

但愿天下的百姓都能吃饱穿暖，甘愿不辞辛苦选择走出山林。

解析

中国素来有"礼仪之邦"的美称，中国人的表达习惯也比较含蓄，所以在诗歌创作中经常使用"托物言志"的手法来表达自己内心的志向。"但愿苍生俱饱暖，不辞辛苦出山林"，其中就蕴含了十分丰富的隐喻细节。这两句诗在构思和呈现上的巧妙之处还在于，如果联系诗名和之前的内容，会知道此处本来是在咏煤炭；而如果单看这两句诗，则很容易以为是作者在发自己的感慨。"饱暖"一方面指煤炭可以供老百姓做饭、取暖；另一方面也指为政者操心民计的政治担当，"黎民不饥不寒，然而不王者，未之有也"（《孟子·梁惠王上》）。"山林"一方面指煤炭原本所在的地方；另一方面也指贤人隐逸的地方，类似于"江湖"。

于谦赋予了煤炭美好的品格，在他的政治生涯中也一直坚守着这些美德，对后来的为政者起到了榜样作用。有意为政的人，在入朝为官之前，一定要端正自己的从政动机：究竟是不是为了"苍生俱饱暖"。在此基础上，也必须意识到，实现政治抱负的过程是非常艰辛的，如果尚未准备好"不辞辛苦"，缺乏牺牲精神和奉献精神，还是不要轻易踏上仕途的好。

苟利国家生死以，岂因祸福避趋之。

——《赴戍登程口占示家人》〔1〕

注释

〔1〕《赴戍登程口占示家人》作于道光二十二年（1842），作者是林则徐（1785—1850）。《赴戍登程口占示家人》一共两首，其二最为著名："力微任重久神疲，再竭衰庸定不支。苟利国家生死以，岂因祸福避趋之。谪居正是君恩厚，养拙刚于戍卒宜。戏与山妻谈故事，试吟断送老头皮。"全诗表达了作者愿为国献身，不计个人得失的崇高精神。

译文

如果对国家有利，我可以不顾生死。岂能因为个人的祸福来选择躲避还是趋进。

解析

有句俗语叫做：除了生死，一切都是小事。但在林则徐看来，只要能够对国家有利，就算是像生死这样的大事，也一样可以牺牲。无数的中国人甘愿为祖国抛头颅、洒热血，将生死置之度外，这其中自然有着深厚的文化根基。孔子讲，"志士仁人，无求生以害人，有杀身以成仁"（《论语·卫灵公》）；孟子讲，"生，亦我所欲也；义，亦我所欲也。二者不可得兼，舍生而取义者也"（《孟子·告子上》）；文天祥在《过零丁洋》中写道，"人生自古谁无死，留取丹心照汗青"；郑思肖在《寒菊》中写道，"宁可枝头抱香死，何曾吹落北风中"。视死如归、大义凛然，在中国文化中是一脉相承的。

　　在和平年代，为政者虽然不会时刻面临生死考验，但有没有"苟利国家生死以，岂因祸福避趋之"的政治信仰，却无时无刻不在影响着他的决断和选择。即使生活在太平盛世，为政者也不能放弃崇高的政治信仰，而应当经常扪心自问，假如自己真的处在生死境遇之中、刀尖马上就要划过喉咙，还能否依然坚守自己的政治忠诚和政治责任。

己欲立〔1〕而立人，己欲达〔2〕而达人。

——《论语》

注释

〔1〕立：立足、安身。参见《论语·为政》："三十而立。"

〔2〕达：通达、显达。参见《论语·颜渊》："在邦必达，在家必达。"

译文

自己想要立，便帮助别人立；自己想要达，便帮助别人达。

解析

孔子这句话虽然都是常用字，然而后人对其的理解却差异很大。"己欲立而立人，己欲达而达人"的第一种常见解释实际上是把"而"理解成并列关系的关联词：自己想要立，同时帮助别人立；自己想要达，也要帮助别人达。即是说，不仅要考虑自己的愿望，也不能忽视别人的诉求。第二种常见解释实际上是把"而"理解成因果关系的关联词：自己想要立，必须帮助别人立；自己想要达，就要帮助别人达。其原因正如孟子所说"爱人者，人恒爱之；敬人者，人恒敬之"（《孟子·离娄下》）。第三种常见解释实际上是把"而"理解成条件关系的关联词：自己先立了，才能帮助别人立；自己先达了，方可帮助别人达。主要考虑仁者立人、达人的能力问题。

然而，以上或许都不是孔子的本意。"我欲仁，斯仁至矣"（《论语·述而》），并不是必须立人、达人才能称作仁，"为仁由己，岂由仁乎哉"（《论语·颜渊》）。本质上，"己所不欲，勿施于人"（《论语·卫灵公》）与"己欲立而立人，己欲达而达人"都是"能近取譬"的"仁之方"，即仁者的思维方式和为仁的方法论，并没有很强的现实要求。而在现实中能够立人、达人，也就是能够"博施于民而能济众"的人，孔子说"何事于仁，必也圣乎"！

人而无信，不知其可也。

——《论语》

|译文|

一个人如果没有信用，不知道他还可以做什么。

|解析|

孔子认为，"信"是人立身处世的基本德性。孔子将人而无信比喻为"大车无輗，小车无軏"①，皇侃《论语义疏》引江熙、袁乔："车待輗、軏而行，犹人须信以立也。""信"之于人，为何如此关键呢？对此，《吕氏春秋·贵信》从多个角度论证了"信"的重要性，"君臣不信，则百姓诽谤，设计不宁；处官不信，则少不畏长，贵贱相轻；赏罚不信，则民易犯法，不可使令；交友不信，则离散郁怨，不能相亲；百工不信，则器械苦伪，丹漆染色不贞"。在《论语》中，"信"是德性修养的日常："吾日三省吾身：为人谋而不忠乎？与朋友交而不信乎？传不习乎？""信"也是国家治理的基石："自古皆有死，民无信不立"。

为政者代表着政府和国家的形象，为政者如果好空谈、乱许诺、说话不算数、爱搞"面子工程"，到头来"口惠而实不至"（《礼记·表记》），就很容易失去"公信力"，陷入治理危机。"塔西佗陷阱"正是对这一社会现象的历史预警：当公权力失去公信力时，无

---

① 大车无輗（ní），小车无軏（yuè）：大车指牛车，小车指马车。輗是大车上连接车辕与前边横木的木销，軏是小车上连接车辕与前边横木的木销。没有輗、軏，车子就无法行驶。

论说真话还是假话，做好事还是坏事，都会被认为是说假话、做坏事。一句话，为政以德，必先以信；政者正也，无信不正。

士不可以不弘毅，任重而道远。仁以为己任，不亦重乎？死而后已，不亦远乎？

——《论语》

译文

　　士不可以不弘大而坚毅，因为他肩负重任、路途遥远。把实现仁道作为自己的责任，不也很沉重吗？为此奋斗终生，到死了才能放下，不也很遥远吗？

解析

　　"士"相较于"君子"而言，则范围更广。"士"也以修德明义为志向，但在修德的层次上还未达到"君子"的程度。另外，在先秦时期，士与君子都带有一定的政治色彩，故而他们身上所肩负的使命也常与政治理想有关。曾子认为，士"任重而道远"，所以必须弘大而坚毅。若不弘，则无以载重；若不毅，则无以致远，因此"不可以不弘毅"。任何以重，因"仁以为己任"；道何以远，因"死而后已"。"重"表示分量很重，"远"表示距离很远，重和远原本用来描述真实可感的事物，此处用来描述具有抽象性的仁和死，所以在语法上须是"不亦重乎""不亦远乎"。

　　士志于仁①，仁者"爱人"（《论语·颜渊》）"博施于民而能济众"（《论语·雍也》），因此要有弘德，即弘大宽广的胸怀。士为了实现

————————

① 曾子把"仁以为己任"作为士的责任和使命，孔子也有"志士仁人"（《论语·卫灵公》）的表述，可见在儒家思想中，士与仁是紧密相连的。

志向，"发愤忘食"（《论语·述而》），至死方休，因此要有毅德，即坚忍不拔的毅力。曾子的这番话，勉励着今天的有识之士要树立远大的理想，强化使命意识和担当精神，注重培养"弘毅"的德性，为实现中华民族伟大复兴的"中国梦"而不懈奋斗。

为天地立心，为生民立命，为往圣继绝学，为万世开太平。

——《张子全书》〔1〕

注释

〔1〕《张子全书》是北宋张载的著作集。张载（1020—1077），河南开封人，世称"横渠先生"，"关学"的创立者，宋明理学的奠基人之一。张载在本体论、认识论、人性论、辩证法等重大哲学问题上均有独到贡献，推动了中国哲学的转型与发展，同时也有着广泛的国际影响力。

译文

为天地万物立心，为黎民百姓立命，为以往的圣贤传承道统，为万世的子孙开辟太平。

解析

"为天地立心，为生民立命，为往圣继绝学，为万世开太平"也被称作"横渠四句"，是中国人千百年来理想信念和精神追求的经典概说。

"为天地立心"，张载称，"大抵言'天地之心'者，天地之大德曰生，则以生物为本者，乃天地之心也"（《横渠易说·复》）。"以生物为本"体现了一种生命共同体意识，"生物"包括民与物，也即今天讲的人与自然，"为天地立心"的具体表达就是"民，吾同胞；物，吾与也"（《西铭》）。"为生民立命"，"立命"之说本自孟子，"夭寿不贰，修身以俟之，所以立命也"（《孟子·尽心上》），"立命"

的关键在于"修身"。《近思录拾遗》中,"立命"也作"立道","立人之道曰仁与义"(《易传·说卦》)。在儒家思想中,修身的主要内容就是修仁义,所以"立命"与"立道"的要旨是一样的,谓修德明义以乐天知命。《中庸》:"修道之谓教","为生民立命"的核心是德性教化。"为往圣继绝学",就是要为以往的圣贤传承道统,体现了一种文化自觉、文化自尊和文化自信。"为万世开太平",是张载对其恩师范仲淹"致太平"主张的阐扬。"天下太平,万物安宁"(《吕氏春秋·大乐》),"太平"是中国人心中亘古不变的政治理想。

德不孤〔1〕，必有邻。

——《论语》

注释

〔1〕孤：孤单、孤独、孤立。

译文

有德之人不会孤单，一定会有同道相伴。

解析

关于"德不孤，必有邻"的内在逻辑可以有多种解释。何晏《论语集解》："方以类聚，同志相求，故必有邻，是以不孤。"这一解释的主要依据实际上是"物以类聚，人以群分"（《战国策·秦策三》），照此说法，小人也会有"同志"，所以这只能是一种简单化的理解。张栻《论语集释》："德立于己，则天下之善斯归之，盖不孤也。如善言之集，良朋之来，皆所谓有邻也。至于天下归仁，是亦不孤而已矣。"这一解释丰富了"有邻"的内涵，"有邻"不单指物理空间上的相邻，善言、良朋、天下归仁，皆是德者之邻。还有一种解释与德的多样性或统一性有关，《易传》云："君子敬以直内，义以方外，敬义立而德不孤"，从德的多样性来看，德有敬、义，所以不孤；从德的统一性来看，君子必须同时具备敬德与义德，所以有邻。这一解释比较独到，于今天不是很常见。

"德不孤，必有邻"体现了德的吸引力和感召力，这种力量本身是无形的，然而却是无比强大的，是可以转化为有形的（"有邻")。在国家治理和国际交往方面，"德不孤，必有邻"是为政以德、政者正也的必要性说明，"故汤兴而伊尹至，不仁者远矣。未有明君在上而乱臣在下也"（《盐铁论·论诽》）。

乡愿，德之贼[1]也。

——《论语》

注释

〔1〕贼：毁坏、败坏。

译文

乡愿，是败坏德性的人。

解析

"乡愿"的内涵十分丰富，其指称的对象群体不太好概括，所以古人们就通过描述这类人的主要特点来加以说明。"乡愿"大抵是说，一乡之人都认为他是一个谨愿敦厚的人。而"乡愿"之所以会得到这样的"好评"，乃是因为他们"阉然媚于世"（《孟子·尽心下》），用今天的话来讲，"乡愿"指的就是那种处事圆滑、见风使舵、左右逢源、八面玲珑的人。儒家对"乡愿"可谓深恶痛绝，孟子引孔子语："过我门而不入我室，我不憾焉者，其惟乡愿乎！""乡愿"看起来并没有很大的危害性，为什么孔子如此厌恨呢？徐干在《中论·考伪》中指出，"乡愿亦无杀人之罪也，而仲尼恶之，何也？以其乱德也"。"乡愿"何以"乱德"？因其似德而非德，"居之似忠信，行之似廉絜，众皆悦之，自以为是"。换言之，一般人难以分辨的伪善、伪君子很容易对人们认识真正的德性造成误导和混淆，因此对德性的危害性极强。

现在有很多为政者经常标榜"高情商""人缘好"，以不得罪人为处世哲学，奉行"好人主义"。然而早在两千多年前，孔子就曾对此提出批评，他告诉子贡，一乡之人都喜爱的人未必是好人，一乡之人都厌恶的人未必是坏人，"不如乡人之善者好之，其不善者恶之"（《论语·子路》）。

不日新者必日退。

——《二程集》

译文

每天没有新进步的人，必然是每天都在退步。

248

解析

《易传·系辞传上》称"日新"为"盛德"，二程则在此基础上提出了君子的为学工夫论，"君子之学必日新，日新者日进也。不日新者必日退，未有不进而不退者"①。"日新"作为高尚的德性，是君子所必须做到的。张伯行则指出，为学不能日新，其实是私欲作祟，"若不日新，便是心有间断，私欲相乘，非昏则倦，日退必矣"（《近思录集解·为学》），进一步说明了日新之德与其他德性之间的关联。需要区分的是，君子之学所以不同于小人之学，并不是小人什么都不学、什么都不知、什么都不新，而是小人不学成人之道、不知修身养性、不能日新其德。

———————————

① 近似于《荀子·劝学》："君子曰：学不可以已。"

责任编辑：洪　琼

版式设计：顾杰珍

图书在版编目（CIP）数据

为政以德　政者正也／姚新中，秦彤阳 编著．—北京：人民出版社，2022.5
（典亮世界丛书）

ISBN 978－7－01－023962－0

I.①为…　II.①姚…②秦…　III.①儒家－政治哲学－研究　IV.① B222.05

中国版本图书馆 CIP 数据核字（2021）第 236435 号

为政以德　政者正也
WEIZHENGYIDE ZHENGZHEZHENGYE

姚新中　秦彤阳　编著

人民出版社 出版发行

（100706　北京市东城区隆福寺街 99 号）

北京中科印刷有限公司印刷　新华书店经销

2022 年 5 月第 1 版　2022 年 5 月北京第 1 次印刷

开本：710 毫米 × 1000 毫米 1/16　印张：16

字数：250 千字

ISBN 978－7－01－023962－0　定价：75.00 元

邮购地址 100706　北京市东城区隆福寺街 99 号

人民东方图书销售中心　电话（010）65250042　65289539